●强制隔离戒毒工作系列丛书

强制隔离戒毒工作
基层执法实务流程

陈鹏忠　主编

ZHEJIANG UNIVERSITY PRESS
浙江大学出版社

图书在版编目(CIP)数据

强制隔离戒毒工作基层执法实务流程 / 陈鹏忠主编.
—杭州:浙江大学出版社,2013.4(2023.3 重印)
(强制隔离戒毒工作系列丛书)
ISBN 978-7-308-11324-3

Ⅰ.①强… Ⅱ.①陈… Ⅲ.①戒毒—工作—行政执法
—中国 Ⅳ.①D669.8②D922.11
中国版本图书馆 CIP 数据核字(2013)第 067541 号

强制隔离戒毒工作基层执法实务流程

陈鹏忠　主编

责任编辑	石国华	
文字编辑	张丽君	
封面设计	刘依群	
出版发行	浙江大学出版社	
	(杭州天目山路 148 号　邮政编码 310007)	
	(网址:http://www.zjupress.com)	
排　　版	杭州星云光电图文制作有限公司	
印　　刷	广东虎彩云印刷有限公司绍兴分公司	
开　　本	787mm×1092mm　1/16	
印　　张	9.5	
字　　数	243 千	
版印次	2013 年 4 月第 1 版　2023 年 3 月第 7 次印刷	
书　　号	ISBN 978-7-308-11324-3	
定　　价	25.00 元	

丛书编委会

序

　　随着改革开放的深入,我国的社会环境发生了很大的变化,毒品违法犯罪死灰复燃,而且愈演愈烈,呈不断上升和蔓延的趋势。这种"白色瘟疫"越传越广,已成为阻碍社会经济发展和社会进步的绊脚石,严重扰乱社会管理秩序,成为当今社会一大"顽症"。

　　历史上我国是受毒品危害最深的国家,早在 18 世纪中叶,殖民主义即开始向我国倾销鸦片,吸食者人数在全国迅速蔓延,给本来就贫穷的中国带来了更加深重的灾难。1838 年 12 月,民族英雄林则徐受命赴广东禁烟,在虎门公众销毁没收的鸦片烟 237 万斤。但由于清政府的腐败无能,最终还是以失败告终。

　　中华人民共和国成立后,中国人民在中国共产党的领导下,经过三年左右的肃毒斗争,在全国范围内基本上禁绝了毒品,在世界上享有无毒国的美誉,创造了世界禁毒史上的奇迹。然而,在国际毒品泛滥的背景下,因我国紧邻亚洲毒品生产基地"金三角"、"金新月"的地理条件,随着对外开放,国际毒品犯罪分子已把我国作为贩运毒品的通道,导致我国境内吸、贩、运、制毒品的沉渣泛起,由边境地区逐渐向内地蔓延,形成了一定规模的毒品地下市场。根据官方公布的数字,2005 年至 2011 年,全国共破获毒品犯罪案件 47 万余起,抓获毒品犯罪嫌疑人 55 万余名,缴获各类毒品 150 余吨。

　　中国面临的毒品问题经历了三个阶段:20 世纪 70 年代末 80 年代初,国内毒品问题以"金三角"过境贩毒为主,危害局限在西南局部地区;进入 90 年代后,国内开始出现吸毒人员,毒品问题从局部向全国范围蔓延;从 90 年代末期开始,境外毒品对中国"多头入境,全线渗透"的态势进一步加剧,除传统毒品海洛因外,制贩冰毒、摇头丸等合成毒品的犯罪活动发展迅猛,易制毒化学品流入非法渠道,屡禁不止,国内毒品问题呈现出毒品来源多元化、毒品消费多样化的特点。由此可见,毒品犯罪就像瘟疫一样,由潜伏、传染到大面积扩散,久治不愈,屡禁不止,成为一股危害社会的浊流,波及全国。

　　《2012 年中国禁毒报告》显示,2011 年,全国查获有吸毒行为人员 41.3 万人次,新发现吸毒人员 23.5 万名;共依法处置吸毒成瘾人员 57.7 万名,同比增长

8.3%。截至2011年年底,全国共发现登记吸毒人员179.4万人,其中滥用海洛因人员有115.6万人,占64.5%;滥用合成毒品人员58.7万人,占全国吸毒人员总数的32.7%,同比上升35.9%;全国新增滥用合成毒品人员14.6万人,同比上升22%。滥用合成毒品人员中,35岁以下青少年占67.8%,低龄化趋势明显。同时,合成毒品问题进一步呈现向中小城市、农村发展蔓延的趋势。截至2011年年底,全国正在执行社区戒毒人员3.6万名,社区康复人员4万名;全国公安机关共收戒吸毒成瘾人员9.2万余名。目前,全国强制隔离戒毒所在戒人员达到22.7万余名,全国药物维持治疗工作已经扩展到全国28个省(自治区、直辖市)的719个门诊,配备流动服药车29辆;全国累计在社区参加美沙酮维持治疗的戒毒人员已达33.7万名,门诊稳定治疗13.4万名,年保持率达到72.6%。

毒品对人的身心危害严重。吸毒会导致精神分裂、血管硬化,严重影响生殖和免疫能力。毒瘾发作时,如万蚁啮骨,万针刺心,吸毒者求生不得,求死不能,如同人间活鬼。吸毒易感染艾滋病,世界上超过一半的艾滋病患者都是由注射毒品而感染的。吸毒成瘾到死亡平均只有8年时间;吸毒上瘾,心瘾难除,一生受折磨。

吸毒耗费巨大,十有八九倾家荡产。吸毒者往往道德泯灭,不顾念亲情,抛妻弃子,忤逆不孝,甚至会出卖骨肉,残害亲人。其后代往往先天有毒瘾、痴呆畸形。真是一旦吸毒,祸害无穷。吸毒者为获取毒资,大多数男盗女娼,或以贩养吸,严重危害社会治安,败坏社会风气。

毒品对家庭的危害重大。家庭中一旦出现了吸毒者,家便不成其为家了。吸毒者在自我毁灭的同时,也破坏自己的家庭,使家庭陷入经济破产、亲属离散,甚至家破人亡的严重境地。

毒品对社会生产力的破坏巨大。吸毒首先导致身体疾病,影响生产;其次是造成社会财富的巨大损失和浪费;同时毒品活动还造成环境恶化,缩小了人类的生存空间。

毒品活动扰乱社会治安。毒品活动加剧诱发了各种违法犯罪活动,扰乱了社会治安,给社会安定带来巨大威胁。

2007年12月29日,中华人民共和国第十届全国人民代表大会常务委员会第三十一次会议通过《中华人民共和国禁毒法》(以下简称《禁毒法》),并于2008年6月1日开始施行。《禁毒法》的颁布实施对于我国禁毒工作有着里程碑式的重要意义。《禁毒法》依法规定了戒毒体制和措施。《禁毒法》对戒毒工作做出了重大变革,对原有的公安机关的强制戒毒制度和司法行政机关的劳教戒毒制度进行了有效的整合，合并为强制隔离戒毒制度，同时对社区戒毒、社区康复、自愿戒毒、戒毒药物维持治疗进行立法，增加了戒毒康复场所等相关内容。2011年6月26日，《戒毒条例》作为我国《禁毒法》的配套法规正式公布，以人性化、科学化的方式，全面系统地规定了自愿戒毒、社区戒毒、强制隔离戒毒和社区康复等措施，明确了责任主体以及戒毒人员的权利和义务。

全国各劳动教养机关根据《禁毒法》、《戒毒条例》的工作要求以及自身的实际工作努力做到了"四个转变"，即理念转变、管理转型、重点转移、机制转轨，逐步实现了由劳教戒毒工作向强制隔离戒毒工作的过渡和转型。

为了适应当前的工作需求，即由传统的劳教戒毒向强制隔离戒毒工作转型的新形势以及社会各界对戒毒康复工作发展的需要，满足强制隔离戒毒场所工作民警进一步掌握岗位职业技能和提升综合素质的需要，以及警察类院校相关戒毒专业人才的培养需求，迫切需要一套既能够切实反映当前强制隔离戒毒工作实际需求，又能够较为系统介绍强制戒毒执法流程、管教方法与艺术、文书制作、心理矫治、毒品成瘾机理和戒毒康复知识，体现行业特色需求的指导丛书，这既是教学的需求，更是实践的需要。"强制隔离戒毒工作系列丛书"属于浙江警官职业学院"2010年教师服务行业能力提升工程项目"的子项目的研究成果，对强制戒毒专业知识、心理学、教育学、医学、毒品成瘾机理及毒品理论及工作实务作了较为系统的介绍和论述，对强制隔离戒毒场所工作民警及戒毒康复管理专业人士具有较强的理论和实践指导意义。该套丛书是浙江警官职业学院的专家教授、骨干教师与浙江省戒毒管理局、浙江省十里坪强制隔离戒毒所、浙江省强制隔离戒毒所等行业专家共同合作的产物，是带有原创性的集专著、教材、工具书等多功能于一体的科研成果。创作团队在创作和编纂过程中克服了强制隔离戒毒制度创建时间短、工作理论和实践经验积累不足、参考资料短缺、创作团队知识和能力所限等不利因素，经过一年多时间的艰苦努力和协作攻关，终于圆满完成了这套丛书的创作。

我们衷心希望通过该套丛书的编写和发行，能够为辛辛苦苦战斗在强制隔离戒毒执法和教育矫治领域的广大民警和工作人员送上一份厚礼和精神食粮，并祝愿他们在与毒品违法犯罪作斗争的崇高而伟大的事业中取得骄人的成绩，为维护社会稳定和国家的长治久安创造不平凡的业绩！

前　言

　　强制隔离戒毒是《禁毒法》确定的一项新的重要的戒毒措施。它区别于自愿戒毒，它是集医疗、管理、教育、心理矫治和社会帮教等综合矫治手段于一体的全新的戒毒方式。其中，强制指的是法律关系状态，隔离指的是管理方式，戒毒指的是基本职能。

　　2006 年 9 月 25 日，司法部在《2006—2010 年监狱劳教人民警察队伍建设规划纲要》中提出了"革命化、正规化和专业化"的建设目标，之后又于 2011 年 4 月 12 日召开了全国监狱劳教（戒毒）系统规范化管理年活动电视电话会议，对强制隔离戒毒工作提出了更高的规范化要求。

　　浙江省司法行政系统自 2008 年承担强制隔离戒毒职能以来，主动应对，积极履行职能，到目前为止，基本建立了相对完善的具有浙江特色的戒毒工作运行机制和模式，取得了显著的成效。但随着工作的不断深入向前推进，司法行政系统强制隔离戒毒场所如民警长期从事劳动教养工作固定的工作模式、定式的思维习惯及戒毒专业知识、技术力量缺乏等隐性的矛盾和问题日益暴露，强制隔离戒毒场所广大民警面临着新的挑战。为帮助广大民警转变观念，拓宽视野，开阔眼界，克服定式思维，不断提高强制隔离戒毒工作执法规范化水平，不断探索和总结新的工作方法，以适应强制隔离戒毒工作的新要求，浙江警官职业学院组织院内专业骨干教师和行业业务骨干在浙江省劳教管理局编印的《浙江省强制隔离戒毒工作执法指南》的基础上，进一步细化项目内容，将执法流程格式化为执法项目名、岗位角色、工作要领（流程）、工作标准、注意事项等五个方面，编写完成《强制隔离戒毒工作基层执法实务流程》，以供基层民警直接面对强制隔离戒毒人员时有一套易于操作、便于检测的实务工具书。

　　从广义上说，所有的强制隔离戒毒工作都是执法工作，但为突出重点，本书将强制隔离戒毒工作执法严格限定在直接面对戒毒人员而开展的治疗、戒护、管理、教育、心理矫治、社会帮教等工作。

　　本书的撰写分工如下（以章节为序）：

　　第 1、7、8 章　郭崧（浙江省强制隔离戒毒所）

第 2 章　胡跃峰（浙江省十里坪强制隔离戒毒所）

第 3、5 章　胡航军（浙江省十里坪强制隔离戒毒所）

第 4 章　汪宗亮（浙江省十里坪强制隔离戒毒所）

第 6 章　余雄华（浙江省十里坪强制隔离戒毒所）

第 9 章　陈鹏忠（浙江警官职业学院）

全书由陈鹏忠教授担任主编并负责统稿。

本书的编写得到了浙江省劳教管理局法制处沈永海处长、生活卫生处赵金绍处长、管理处卓朝勇处长的精心指导，得到了浙江省十里坪强制隔离戒毒所吴善龙副所长、浙江省强制隔离戒毒所郭晓明副所长的大力支持，获得了浙江警官职业学院的经费资助，同时浙江警官职业学院金川教授、周雨臣教授、马立骥教授也为本书的撰写提出了许多有益的意见和建议，在此一并表示感谢！

本书适用于强制隔离戒毒所基层民警从事执法工作的指导与培训用书，也可作为警察类高等职业院校戒毒矫治专业师生的教学参考用书。

由于本流程的制订仅仅是根据浙江省强制隔离戒毒工作的实践进行的，是否能在全国其他地区适用，有待进一步实践检验；同时，由于编写者水平有限，加之时间仓促，书中疏漏乃至谬误在所难免，敬请读者在使用过程中批评指正。

编者

2012 年 10 月

目　　录

第1章 收 治

1.1 接收新强制隔离戒毒人员

（1）岗位角色

入所队民警、管理科民警。

（2）工作要领

①检查投（转）送公安机关工作人员的人民警察证（或是工作证件）以及身份证件。

②检查投（转）送公安机关提供的《戒毒人员移交名册》。

③核对《戒毒人员移交名册》中送交执行的戒毒人员人数，对照送交的戒毒人员档案材料核实送交执行戒毒人员的身份。

④检查相关法律文书：《强制隔离戒毒决定书》原件和复印件各一份、《强制隔离戒毒人员信息表》一份（吸毒人员动态管控系统信息已完整输入）；对 HIV 病毒检测结果呈阳性的戒毒人员，负责投（转）送的公安机关还应提供 HIV 抗体确认报告单（原件）、告知记录、近期的 CD4 检测单和抗病毒治疗的病历资料等；相关考核记载或评议材料。

⑤认定符合收治条件的，在戒毒人员投（转）送移交名册上签字，加盖收治公章；在决定收治公安机关移交的戒毒人员时，应当开具《收治强制隔离戒毒人员证明书》（三联单）。

⑥收治后，填写《戒毒人员基本情况登记表》和《新收治人员情况调查表》。

⑦收治后，吸毒人员相关信息应输入管控系统。

（3）工作标准

①对来所办理投（转）送业务的公安机关工作人员的人民警察证（或工作证）、身份证均应复印留底。

②对怀孕或者正在哺乳自己不满 1 周岁婴儿的妇女、不满 16 周岁的未成年吸毒成瘾人员、符合《强制隔离戒毒人员严重疾病认定标准》（附录六）中所明确的各类严重疾病的患者，不予收治。

③投（转）送公安机关的《戒毒人员移交名册》要一式两份（一份交投（转）单位，一份所方留底备查）；《戒毒人员移交名册》中的内容要打印清晰，签字的地方必须采用黑色墨水笔签字；"名册"中所涉人员签名一定要本人签名，严禁代签。

④《收治强制隔离戒毒人员证明书》一式三份，一份所方留存，一份寄交强制隔离戒毒审批机关，一份寄送戒毒人员投（转）送机关。

⑤正确选择各类公章，必须使用"收治专用章"，或盖章过程中要"骑年盖月"。

⑥法律文书不齐全或记载有误的，由投（转）送机关负责补充齐全或者作出更正后再行收治；来所投送的戒毒人员信息未录入管控系统的，暂不予收治。

⑦收治后，须完整填写《戒毒人员基本情况登记表》和《新收治人员情况调查表》。

（4）注意事项

①检查投（转）送公安机关人员人数及身份：名册中涉及的此次投（转）送单位负责人与经办人员是否与其现场提供的证件人员相吻合。

②检查投送日期："名册"中标注的日期是否与当日实际日期一致。

③检查投（转）送戒毒人员："名册"中提供的投（转）送戒毒人员是否与当日投（转）送实际人员相吻合，名册中的投（转）送人数与实际人数是否一致，且人数需采用大写的汉字数表示。

④检查内容：名册中所列举和涉及的戒毒人员基本情况是否与决定书中的基本数据和相关内容相吻合。

1.2　身体健康检查

（1）岗位角色

所内医院医生或拥有相关职业资格的医务人员。

（2）工作要领

①依性别进行体检。

②女性强制隔离戒毒人员的检查应由女性人民警察进行。

③女性戒毒人员必须接受妊娠检查。

④在身体检查过程中须询问既往病史，详细记录新收戒毒人员所患病症；发现戒毒人员有外伤、残疾的，对戒毒人员自述受伤或致残的，医务人员应当仔细询问导致伤残的原因及时间，并做好相应的记载（必要时可以保存相应伤残情况的影像资料）。

⑤严格按照《戒毒人员（入所）体检表》中涉及的体检项目逐一进行检查并记录。

⑥如果出现不宜收治的情况，则严格按照《强制隔离戒毒人员严重疾病认定标准》由所内医院医生提出建议，经医院负责人、管理部门审核后，经所分管领导同意后填写《不予收治证明书》。

⑦体检报告的结论性意见由主检医师综合各项目的体检指标提出。通常可以将检查结果分为"检查出疾病情况"或是"未检查出疾病情况"。对检查出疾病情况的，可以写明相应疾病的诊断情况。

⑧对 HIV 病毒检测结果呈阳性且符合收治条件的，送往省局规定的场所收治。

⑨建立戒毒人员健康档案。

（3）工作标准

①体检过程中要按照一般检查、内科检查、外科检查、五官科检查、肝功能检查、放射科检查、心电图检查、超声波检查、HIV 抗体检测、吗啡检测、性病检查、妇科检查、既往病史检查等共计 14 个大项逐一进行检查，不可缺漏。

②采用仪器设备检查或生化功能检查的，要附上检查时的原始报告凭证。

③填写结论时要使用体检的专业术语，并统一使用医学检验指标和计量单位；未检查的项目要用斜线将空白表格划去，不可留空。

④一定要根据《强制隔离戒毒人员严重疾病认定标准》中的 15 大类（呼吸系统、循环系统、消化系统、泌尿系统、内分泌系统、神经系统、血液系统、肿瘤、内外科疾病、传染性疾病、精神疾病等）、54 种病症，严格把关，仔细检查。

⑤意见签署后，主检医师应签名（不可盖私章），注明日期，以示对意见内容负责。

⑥由医院的业务负责人对体检报告作出最终审定意见,加盖医院公章或戒毒所体检专用章,并要注明日期。

（4）注意事项

①戒毒人员入所体检是一项严肃的执法工作,必须由具有相应职业医师资质的民警医师亲自进行,体检表格各项目也应由其直接填写或是数据录入,体检结果应如实填写,绝对不允许交由医务部门的其他人员代行。

②主检医师的结论必须客观真实,体检结果要经得起检查和复查,特别是"可以收治"或"不予收治"结论的作出要慎重,要严格根据"标准"中的规定不折不扣地执行。

③对于在体检过程中检查出的一般疾病或是伤残情况要如实填写,以便在收治后对其进行针对性的医疗和管理。

1.3　人身安检

（1）岗位角色

入所队民警。

（2）工作要领

①检查民警要求两名以上,并明确分工（主要分为现场警戒和实施检查等工作职责）。

②对女性戒毒人员的人身安检由女性人民警察进行。

③戒毒人员应在规定的区域接受检查,不得随意走动。

④戒毒人员应面对检查民警自行脱除身上衣物,并将脱除的衣物放置在面前的检查桌（台）上,等待安检。

⑤人身检查按照从上到下（从头到脚）、从左到右、从外到里的顺序进行安检。

⑥民警在完成一般人身外表检查后,还应通过相关的仪器设备进行人体器官的检查,以查明是否有违禁物品藏匿、夹带其中。

（3）工作标准

①民警在人身检查时必须双手穿戴一次性乳胶手套。

②检查时须有 2 名以上民警参与,一人现场警戒,一人实施检查。

③对被检查的戒毒人员须逐个进行检查。

④一定要按照从上到下、从左到右,从外到里的顺序进行全面的安检。

⑤完成一般人身外表检查后,还应通过相关的仪器设备进行人体器官的检查。

⑥对人身安检中检查出的情况须有记载,并做好笔录。

⑦发现戒毒人员体表的伤痕、疤痕或是外伤痕迹时,须进行询问,并做好笔录（该内容可以结合《新收治人员情况调查表》中的内容一并进行）。

⑧发现违禁物品时,应按照违禁物品的种类进行对应处理。

（4）注意事项

①在人身安检过程中要保护好戒毒人员正常的个人隐私,检查须在规定的检查室或指定的房间内进行。

②人身检查既要符合安检的需要,也要讲究人道和尊重风俗,不得以人身安检的名义进行变相的体罚和虐待。

③人身安检时,各部门民警各负其责,尤其是负责现场警戒的民警,一定要密切关注被

检查戒毒人员的一举一动。

④人身安检过程中须保持安静,检查现场民警人数须多于被检查的戒毒人员。

⑤对人身安检过程中发现的情况(有可能影响场所安全或教育矫治的)须固定证据(现场拍照以及制作笔录)。

1.4　物品检查与保管

(1)岗位角色

入所队民警。

(2)工作要领

①物品检查必须当着戒毒人员的面进行。

②检查开始时,先用金属探测器对戒毒人员所携带的物品进行初步扫描,排除金属物质。

③民警徒手对戒毒人员所携带的物品进行分类。

④在分类基础上按照先小后大、先上后下、先外后里、先简单后复杂的顺序进行检查。

⑤必需的日常生活用品和学习用品允许戒毒人员带入所内,由戒毒人员自行保管和使用。

⑥戒毒人员随身携带的药物需经医务人员确认后交中队民警代为保管,并按时督促服用。

⑦贵重物品以及其他不允许戒毒人员自行保管的物品,由公安机关承办单位带回送其家属保管或由强制隔离戒毒所代管。

⑧对代管的物品一律当面封存,由戒毒人员在封口处签字按手印;民警填写《戒毒人员物品代管登记单》。

⑨对查出的违禁物品,按照《劳教(戒毒)系统场所违禁物品管理及处理规定》处理。

(3)工作标准

①要保护好戒毒人员隐私,物品检查须在规定的检查室或指定的房间内进行。

②民警必须亲自检查,严禁使用骨干戒毒人员代为检查。

③民警在物品检查时,须双手穿戴一次性乳胶手套。

④物品检查须逐件触摸和检查,对可以翻转、打开或拆开的物品,一律翻转、打开或拆开后彻底检查;必要时,可以借助专门的检测仪器对物品进行检查。

⑤检查完物品后须对物品归类放置(个人生活用品、学习用品、随身衣物、药品、贵重物品以及其他不允许戒毒人员自行保管的物品),并逐一进行相应的处理。

⑥对检查过程中发现的情况(有可能影响场所安全或教育矫治的)须固定证据(现场拍照以及制作笔录)。

⑦民警填写《戒毒人员物品代管登记单》时要详细记载物品的名称、数量、质量、规格、特征以及牌号等,经戒毒人员核对确认后签字按手印。登记单一式三份(一份留作存根,一份由戒毒人员本人保管,一份随物品入库)。转移、移交和归还上述物品时必须做到"三证合一"。

⑧发现违禁物品时,应按照违禁物品的种类进行对应处理。

（4）注意事项

①涉及戒毒人员的书信或是其他文字资料（不妨碍场所安全稳定和影响教育矫治工作）时，要对其内容进行保密，切不可随意宣扬。

②物品检查要认真仔细，逐一进行检查，不可嫌烦而采取抽查的方式。

③检查要谨慎、仔细进行，动作不可野蛮，以防止损坏戒毒人员的物品或是被隐匿的刀片、针头扎伤。

④检查时要轻拿轻放，不得随意丢弃，不得故意损坏戒毒人员的个人物品。

⑤日常生活用品中的外衣裤、被褥、牙膏、肥皂、洗衣粉、洗发膏、沐浴露等不得带入所内。

⑥学习用具仅限于眼镜（隐形眼镜除外）。

⑦带入的衣物须浸泡消毒后方可带入。

⑧须告之戒毒人员妥善保管《戒毒人员物品代管登记单》，防止遗失。

1.5 对现金、有价证券的管理

（1）岗位角色

入所队民警。

（2）工作要领

①当着戒毒人员本人的面对现金和有价证券进行清点、统计，算出总金额，并做好登记；

②对戒毒人员持有的现金、有价证券进行分类（入所期间由公安机关作为个人物品移交的或在入所安检过程中检查到的）。

③对公安机关移交的现金、有价证券，要求其带回，并转交给戒毒人员家属；如果公安机关未带回现金、有价证券，对于现金，则由民警汇入该戒毒人员的"一卡通"账户，对于有价证券，则由民警填写《戒毒人员物品代管三联单》由所代为保管。

④对于在安检过程中查获的现金、有价证券，按照《劳教（戒毒）场所违禁物品管理及处理规定》处理。

（3）工作标准

①移交过程中，要精确算出所移交的现金和有价证券数额，并做好记录。

②对在安检过程中查获的现金和有价证券进行清点、统计；得出的总金额必须准确；同时要做好笔录。

③有价证券等贵重物品由戒毒所代管。

④民警须将存款凭证交由戒毒人员保管。

⑤对于所查获的现金、有价证券，按照《劳教（戒毒）场所违禁物品管理及处理规定》处理。

（4）注意事项

①在清点、统计过程中必须有当事戒毒人员以及两名民警在场。

②凡是涉及款物的交接或是移送等事项时，均须有经办人以及当事戒毒人员的签字。

③民警须保管好相关单据，不得遗失。

④民警不得私自保管或没收所查获的现金、有价证券。

1.6 发放被服和生活物品

（1）岗位角色
生活卫生部门民警、入所队民警。

（2）工作要领
①入所队民警根据当日收治戒毒人员的情况，向所生活卫生部门上报收治人数名单，生活卫生部门的民警根据人数划拨对应的被服和生活物资。
②发放相关物资：箱包（戒毒人员日常闲置物品归类整理所需）1 只、戒毒人员服装 6 套（夏装 2 套、春秋装 2 套、冬装 2 套）、被子 1 条、竹席 1 床、毛毡 1 条、枕头 1 只、被单 1 条。
③填写戒毒人员被服卡。
④被服卡填写完毕后放入戒毒人员档案（副档）。

（3）工作标准
①民警在物资出库前做好清点。
②民警亲自组织发放被服和生活用品。
③填写被服卡要完整，名称、数量均要规范填写。
④被服卡填写完毕后，经办民警和戒毒人员均要亲自签名。
⑤被服卡必须随戒毒人员档案一并流转。

（4）注意事项
①生活卫生部门购置物资后，对进入所内的物资进行查验，防止伪劣物资进入所区。
②入所队民警须清点生活卫生部门划拨的物资。
③发放被服和生活物资时，民警须亲自组织发放，不得使用戒毒人员发放上述物资。
④被服卡须填写清楚，且经办民警和戒毒人员须签字。
⑤被服卡必须放入戒毒人员档案。

1.7 组织理发洗澡

（1）岗位角色
入所队民警。

（2）工作要领
①确定小组理发员。
②按小组统一理发。
③确定理发地点（一般安排在盥洗室）。
④按小组统一集体洗澡，一个小组洗漱完毕后，另一小组跟上。
⑤理发和洗澡过程中民警全程在场。

（3）工作标准
①戒毒人员理发要求：男性须理成寸发，女性须理成齐耳短发。
②理发用的工具须由民警保管。
③理发由戒毒人员小组中有此技能的戒毒人员担任。
④戒毒人员按小组排队组织洗澡。
⑤洗澡时要节约用水，注意安全，防止滑倒。

⑥理发、洗澡时要有民警全程监控。

（4）注意事项

①理发工具必须由民警统一保管，并做好理发工具的定期消毒工作。

②理发和洗澡时须有民警现场监控。

③理发和洗澡必须以小组为单位按序 7 进行。

1.8　新强制隔离戒毒人员活体信息采集

（1）岗位角色

入所队民警、管理科民警。

（2）工作要领

①提取指纹、掌纹（如果公安机关已做相关工作，并提供信息给戒毒所，可以不做此项工作）。

②收集影像资料（电子动态版本和摄影纸质版本）。

③开展个别谈话，收集、了解、核实戒毒人员个人基本情况。

（3）工作标准

①按照先指纹、后掌纹的原则提取指纹和掌纹。

②按照先左手、后右手的顺序提取每个手指的指纹：左手从左到右依次为小拇指、无名指、中指、食指、大拇指；右手从左到右依次为大拇指、食指、中指、无名指、小拇指（如遇到手指残缺的则在对应的位置空出，并注明情况）。

③按照先左掌、后右掌的顺序提取掌纹。

④指纹和掌纹提取须采用黑色油墨拓印的方式进行。

⑤影像资料的收集主要是指采用摄影或摄像的方式收集戒毒人员的脸部照片或是全身的基本形态；

⑥入所队民警在戒毒人员收治后须在 24 小时内及时进行个别谈话和心理测试。

（4）注意事项

①提取指纹和掌纹须采用黑色油墨，方式必须是拓印的方式。

②所按捺的指纹和掌纹须在相应文书表格的方框内，不得超出。

③指纹和掌纹在拓印的过程中要完整，不可缺失和遗漏，如遇到手指或手掌残缺的则在对应的位置空出，并注明；

④在拍摄戒毒人员的脸部标准照片时要采取一寸标准照的方式进行拍摄；在拍摄过程中要采用两种方式进行拍摄：一种为白色背景有身高标尺、戒毒人员本人手持写有自身姓名和入所时间以及编号的小黑板的样式（主要用于归档）；另一种是蓝色背景与社会上普通人员一寸照类似的样式（主要用于制作戒毒人员胸卡）。

⑤影像资料照片（一式四份）冲洗后，须有电子版留底，留底照片中须标注姓名、编号等基本信息；

⑥上述过程必须由民警亲自完成。

1.9　入所登记

（1）岗位角色

入所队民警。

（2）工作要领

①戒毒人员收治后，入所队民警应当在 24 小时以内进行个别谈话，了解核实戒毒人员的个人信息、健康状况、家庭社会关系、现实思想状况和其他有关情况。

②填写《戒毒人员基本情况登记表》和《新收治戒毒人员情况调查表》。

③入所队民警应在戒毒人员入所当日完成影像资料的制作及存档工作，并在 3 个工作日以内，将戒毒人员信息输入所政管理系统；所管理部门在 7 个工作日以内从"吸毒人员社会化管理信息系统"中接收戒毒人员信息。

④戒毒人员收治后，入所队应当将投（转）送公安机关送达的法律文书、相关资料和填写的《戒毒人员基本情况登记表》、《药物滥用监测调查表》及其他材料，按照规定的内容和顺序建立戒毒人员档案（正档、副档各一份）。

⑤入所队应当在 7 个工作日以内将戒毒人员正档移交所管理部门。

（3）工作标准

①入所登记的文书制作时间一般为该戒毒人员入所收治的时间或是入所后的 3 个工作日内；日期要填写具体的年月日；编号一般为戒毒人员的档案号。

②戒毒人员的基本情况栏目（如：姓名、性别、出生年月日、民族、曾用名、文化程度、婚否、籍贯、户籍所在地、现住址、身份证号码、决定机关、强制隔离戒毒期限）可以从《戒毒人员信息表》中摘抄，但有些栏目的内容，如：本人简历、家庭主要成员、违法犯罪记录、职业、吸毒史、吸毒方式、吸毒种类等，仍需民警在收治后的个别谈话中获取。

③婚否：按照"未婚、已婚、离异、丧偶"这四种不同情况填写。

④本人简历：简历是一个人学习、工作或是生活经历时段的连贯反映。在填写戒毒人员简历时要注意三点：一是简历一般从上小学或是从其 7 岁开始，至本次收治为止，每个时间段起止时间的填写要具体到年月；二是简历按时间顺序填写，并要保持经历的连贯性，中间不能间断；三是填写职业的栏目时，有单位的应当详细填写单位名称和单位所在的地址（详细的省、市、区），没有职业的或是没有固定职业的，要概括其谋生的手段，不可一概地填写"无"或是空出此栏。

⑤违法犯罪记录：要通过查阅该戒毒人员的"决定书"、"信息表"或是相关档案资料，以及结合入所个别谈话中获取的信息进行详细的填写，一是要按时间顺序填写，并要保持经历的连贯性，中间不能间断；二是填写违法情况要简明、扼要（涉案时间、何地违法、处理情况、何种罪错、何处服刑（服教、强戒）服刑（服教、强戒）时间以及在服刑（服教、强戒）期间获得的奖励和处罚情况等）。

⑥吸毒史：在填写这一栏目时要尽可能地详尽，不能仅仅填写"2 年"或"3 年以上"或"不详"等；民警在填写中不但要参考"决定书"、"信息表"中的情况，还要通过个别谈话获取，在填写过程中要注明首次吸毒的时间，以及吸毒后戒毒的情况（次数），即从何时开始吸毒，其中戒毒的次数、复吸的情况等。

⑦家庭主要成员：主要通过查阅戒毒人员档案及入所谈话中获取，重点在于通过个别谈话来掌握；家庭成员仅限于父母、妻子、儿女等，他们与戒毒人员的关系、住址、联系方式都必须准确、详细地填写。

（4）注意事项

①收治民警须将入所谈话期间所获的信息和谈话情况及时向其他民警交接；发现个人

信息与相关文书不符的,应当报所管理部门进一步核实;对可能影响场所安全稳定的情况应逐级上报,并及时采取防范措施。

②制作戒毒人员入所登记表属于收治工作的重要环节,一般应当在戒毒人员收治之日起3个工作日内完成。

③制作文书前,应该认真审阅交付机关送交的法律文书,在此基础上对戒毒人员进行一次个别谈话,以对掌握的信息进行印证、补充和扩展。

④由于目前公安机关和司法行政机关的强制隔离戒毒所管理部门均已实现了"吸毒人员管控系统"的内部联网,实现了网络数据资源共享,为此戒毒人员的基本数据可以通过该系统直接导入和导出,但是要防止在数据录入过程中出现系统错误或是录入错误等情况,为此在截取和使用数据时要对照戒毒人员的"决定书"或"信息表"进行相应的核对。

⑤该文书是重要的档案资料,必须由入所收治单位的民警亲自制作填写,禁止使用入所队骨干戒毒人员代为填写。

1.10 通知家属

(1)岗位角色

入所队、管理科民警。

(2)工作要领

①在决定收治该戒毒人员后,向公安机关开具《收治强制隔离戒毒人员证明书》,由其转告戒毒人员家属。

②入所后24小时内组织新收治的戒毒人员拨打亲情电话,告知当前的情况,并转述探访时间、探访地点、探访条件以及注意事项等内容。

③组织新收治戒毒人员写一份家书,具体内容涉及执行强制隔离戒毒的场所名称、地点、探访时间、探访条件以及注意事项等内容。

④新收治的戒毒人员家属第一次探访期间,所探访室根据规定办理好"探访证"。

(3)工作标准

①开具《收治强制隔离戒毒人员证明书》一式两份,一份留底、一份交投(转)送公安机关。

②必须在收治24小时内安排亲情电话。

③根据探访条件来办理探访证,即根据戒毒人员的档案材料,严格把关,无关人员不得列入探访范围。

(4)注意事项

①《收治强制隔离戒毒人员证明书》须加盖强制隔离戒毒所公章或收治专用章。

②收治24小时内安排戒毒人员拨打亲情电话。

1.11 宣布所规队纪

(1)岗位角色

入所队民警。

(2)工作要领

①收治后完成编队、编组。

②民警组织新收治戒毒人员学习《禁毒法》、《戒毒条例》、《强制隔离戒毒人员守则》、《强

制隔离戒毒人员行为规范》、《强制隔离戒毒人员行为矫治考核办法》、《强制隔离戒毒人员诊断评估办法》。

③民警开展入所教育,入所教育中着重解释《禁毒法》、《戒毒条例》、《强制隔离戒毒人员守则》、《强制隔离戒毒人员行为规范》、《强制隔离戒毒人员行为矫治考核办法》、《强制隔离戒毒人员诊断评估办法》。

(3)工作标准

①重点要求掌握《强制隔离戒毒人员守则》、《强制隔离戒毒人员行为规范》、《强制隔离戒毒人员行为矫治考核办法》。

②每名新收治戒毒人员均会背诵《强制隔离戒毒人员守则》、《强制隔离戒毒人员行为规范》、《强制隔离戒毒人员行为矫治考核办法》。

③小学文化程度以上者要求会默写《强制隔离戒毒人员守则》、《强制隔离戒毒人员行为规范》。

(4)注意事项

在学习和解释《禁毒法》、《戒毒条例》、《强制隔离戒毒人员守则》、《强制隔离戒毒人员行为规范》、《强制隔离戒毒人员行为矫治考核办法》、《强制隔离戒毒人员诊断评估办法》时,须民警亲自授课、讲解,不得由戒毒人员授课。

1.12　分类编队

1.12.1　必要的分类编队

(1)岗位角色

管理科、医院、入所队民警。

(2)工作要领

按照分类编队的规范要求进行。

(3)工作标准

①男性和女性戒毒人员须分别编队。

②新入所的和即将解除强制隔离戒毒的人员须分别编队。

③18周岁以下的未成年戒毒人员须单独编队、单独管理。

④HIV病毒检测结果呈阳性者须单独编队、单独管理。

⑤有传染性疾病(性病、肺结核等)且符合收治条件的,单独编队、单独管理。

⑥吸食、注射合成毒品和阿片类毒品的,分别编队。

(4)注意事项

①吸食不同类型毒品的戒毒人员须由医院民警根据其吸食情况做出判定。

②戒毒人员性别以及疾病的判定以医院的检测为准。

③新收治入所的戒毒人员是指符合收治标准且收治入所后3个月以内的戒毒人员。

④18周岁以下的未成年戒毒人员年龄的界定以公安机关颁发的有效身份证件为准;如果没有上述证件或是证件信息有误的,则要求司法鉴定机关给予骨龄检测。

⑤HIV病毒检测报告(1周之内)须由当地疾控中心或县级以上具有HIV病毒检测资质的医院出具。

⑥传染性疾病的检测报告(1周之内)须由县级以上具有相关检测资质的医院出具。

1.12.2 选择的分类编队

（1）岗位角色

管理科、入所队民警。

（2）工作要领

按照分类编队的规范要求进行。

（3）工作标准

①团伙或同案戒毒人员应当分别编队。

②老、弱、病（长期患病经治疗无明显效果的）、残可以单独编队、单独管理。

③扰乱场所秩序，经单独管理仍然屡教不改的戒毒人员，应当单独编队。

④被决定强制隔离戒毒的和自愿接受强制隔离戒毒的，应当分别编队。

（4）注意事项

①团伙或是同案戒毒人员原则上同案不同组、亲属不同组、粉友不同组。

②老、弱、病（长期患病经治疗无明显效果的）、残情况需由医院做出判定。

③扰乱场所秩序，经单独管理仍然屡教不改的戒毒人员的教育矫治基本情况须由所在中队收集相关证据并填写送入严管队的报告，经过所管理科批准后，由管理科开具调令，执行调动。

1.12.3 编队调整

（1）岗位角色

管理科、大中队民警。

（2）工作要领

①分管民警提出意见。

②中队队务会讨论。

③大（中）队提出书面报告。

④队分管领导审核。

⑤所管理部门审批。

⑥调出部门和调入部门的交接。

⑦调入部门整理档案，开展个别谈话。

（3）工作标准

①编队调整的意见由分管民警提出。

②中队队务会讨论过程要有文字记录。

③大队分管领导需要审核中队上报的编队名单以及申报程序。

④所管理部门要对上报的材料进行书面审核，并进行实际调查。

⑤调入部门和调出部门须进行交接。

⑥调入部门要在 24 小时内完成档案的检查、整理以及个别谈话。

（4）注意事项

①戒毒人员编队调整的理由应符合规范和实际需要。

②调整过程中要申报材料齐全、操作程序规范。

③审批报表一定要经过逐级审批，获得所管理部门审批通过后方可进行调整。

④交接过程必须在当日白天完成，须由双方民警和大队管教干事在场。

第 2 章　药物依赖的诊断与治疗

2.1　诊断

（1）岗位角色

具有职业医师资格的医务民警。

（2）工作要领

①询问病史；

②进行体格检查；

③精神检查；

④实验室检查。

（3）工作标准

①询问病史

A. 药物滥用史、治疗史。问清楚首次吸毒的时间与年龄；首次吸毒的原因；吸毒方式，包括使用毒品的种类，尽可能判定毒品的纯度、次数、每次剂量和用药途径，尤以近 1 个月的情况更为重要；吸毒后的反应，包括初次吸毒后的体验，如吸毒后的快感、有无呕吐以及饮食与睡眠情况；吸毒最多的时期及原因；合并滥用药物情况，如有，应问清为何药以及滥用的剂量、方式、体验；耐受性产生的情况与程度，是否曾逐步增加剂量以维持快感或防止戒断反应的出现；吸毒过程中的剂量、方式的改变情况及原因；戒断症状出现时间、具体表现与严重程度；末次使用毒品的剂量和时间；共用注射器情况和消毒情况；既往戒毒治疗史，包括戒毒次数、戒毒方式、用过哪几种戒毒药物、用药后戒断症状的控制情况、戒毒地点、戒毒中曾出现过哪些副反应与并发症；最后还要判断病史的可靠性。

B. 吸毒者的个性、人格与社会功能状况。包括吸毒前的个性、人格及吸毒后的改变情况；职业及工作状况；每天的生活模式，如睡眠、进食、上班等情况；性生活史；有无不良嗜好；受教育程度；违法犯罪情况；是否已婚以及婚姻质量，目前婚姻状况，有否离婚及原因；既往学习成绩、学习习惯、受教育史。

C. 既往史、个人史。包括既往的传染病史、重大躯体疾病史、外伤与手术史、药物过敏史，应特别注意询问吸毒后的患病情况，特别是有无夜游史与性病情况；男性吸毒者还应询问有无阳痿、早泄，女性病人应询问有无性欲缺乏以及月经是否规律，每次的量、色、味是否正常，特别应注意询问末次月经情况。

D. 家庭情况。询问吸毒者的成长经历、家庭关系、教育方式、家庭成员吸毒情况以及家庭经济情况，如经济来源、收入情况。家庭中有无药物、酒精滥用者。

②体格检查

A. 身体的消瘦与营养不良。常见于长期吸食各类毒品，特别是海洛因、苯丙胺、麻古、摇头丸成瘾者。此项要与病史相结合，注意询问原来的体重及与吸毒的关系。

B. 皮肤。注射痕迹、瘢痕(沿静脉走形,一般在四肢,也可见于颈部、乳房、腹股沟、阴茎等处),皮肤的各种感染、竖毛等;注射部位皮肤脓肿或感染后留下的色素沉着;两前臂、腕背或大腿部位烟头烫伤或瘢痕,多为发瘾时吸毒者用烟头烫伤皮肤所致;腕部或颈部的刀伤割痕,多见于女性吸毒者,而四肢及胸背的纹身则多见于男性吸毒者;大汗、流涕、呵欠、皮肤鸡皮疙瘩常见于海洛因等阿片类依赖者。

C. 鼻。注意流鼻涕、鼻腔溃疡、脓鼻涕、严重的鼻腔感染提示通过鼻内用药;鼻黏膜充血、鼻中隔溃疡,常见于可卡因与海洛因吸食者。

D. 眼睛。注意瞳孔大小、有无流泪等。瞳孔缩小甚至针尖样大小,多见于不久前曾大量使用海洛因者,戒断反应发生时可多见瞳孔扩大。

E. 口及咽喉。反复的口腔感染、溃疡提示有艾滋病感染的可能。

F. 肺部。注意有无肺结核以及其他肺部感染的体征。

G. 心脏。要特别注意有无心脏杂音,排除亚急性细菌性心内膜炎。

H. 腹部。注意肝脏情况,有无肝大;注意肠鸣音的变化、有无腹部肿块及肿块的性质。

I. 神经系统。注意腱反射、周围神经情况及有无肢体麻木等。

③精神检查

检查意识状态,有无幻觉与错觉、记忆力与注意力有无改变、有无思维障碍,如赘述、妄想、情绪状态等,必要时应做 MMPI、16-PF 等心理、行为量表的测查。

④实验室检查

在临床工作中应借助纳洛酮促瘾试验、体液毒品分析检测等实验室技术作为药物依赖性诊断的客观依据。毒品检测通常采用病人尿液,应用反射免疫分析、薄层色谱分析等提供快速的初步筛选结果。若需进一步确认,须选用其他方法,如毛细管电泳(CE)、气相色谱法(GC)、高效液相色谱法(HPLC)、气相色谱——质谱联用分析法(GC-MS)进行确证试验。此外,还可采用其他生物制品,如血液、头发等进行检测分析。

A. 尿检

目前最常使用的毒品检测方法是用金标筛选试剂盒初步筛选,此法可以筛选吗啡、大麻、苯丙胺、甲基苯丙胺、摇头丸、可卡因、K 粉等毒品及其代谢产物,其敏感性、特异性各有不同。

【主要品种】

a. 吗啡(MOR)金标筛选试剂盒

可以快速检测人是否在 48 小时内吸食、注射海洛因、鸦片等麻醉毒品。对吗啡的检测阈值为 300ng/ml。

b. 甲基苯丙胺(M-AMP)金标筛选试剂盒

可以快速检测人是否在 72 小时内滥用甲基苯丙胺(冰毒),是否在 24 小时内滥用 MDMA(摇头丸主要成分之一,学名 3,4－亚甲二氧甲基苯丙胺)。对甲基苯丙胺的检测阈值为 1000ng/ml、对 MDMA 的检测阈值为 5000ng/ml。

c. 苯丙胺(AMP)金标筛选试剂盒

可以快速检测人是否在 72 小时内滥用苯丙胺,是否在 24 小时内滥用 MDMA(摇头丸主要成分之一,学名 3,4－亚甲二氧甲基苯丙胺),对甲基苯丙胺的检测阈值为 1000ng/ml、对 MDMA 的检测阈值为 7000ng/ml。

d. MDMA(摇头丸)金标筛选试剂盒

可以快速检测人是否在 72 小时内滥用 MDMA,检测 MDMA 的阈值为 500ng/ml。甲基苯丙胺、苯丙胺在浓度 100μg/ml 以下时对检测结果不产生干扰。检测结果呈阳性时,可以认为被检测人滥用了 MDMA(摇头丸),不用考虑甲基苯丙胺、苯丙胺和麻黄碱的干扰。

e. 大麻(THC)金标筛选试剂盒

可以快速检测人是否在 96 小时内滥用大麻制品(包括大麻叶、大麻树脂、大麻油等)。大麻制品中的有效成分是四氢大麻酚(THC),它在人体内代谢成 9-羧基-四氢大麻酸。大麻筛选试剂盒可以检测尿液中的 9-羧基-四氢大麻酸,检测阈值为 50ng/ml。

f. 可卡因(COC)金标筛选试剂盒

可以快速检测人是否在 48 小时内吸食、注射可卡因。可卡因进入人体后代谢成苯甲酰爱冈宁,检测阈值为 300ng/ml。

g. 其他试剂盒

另外有二合一、三合一、五合一金标筛选试剂卡,可以同时检测滥用两种以上的麻醉毒品或兴奋剂的单个或多个信息。

【检测原理】

该试剂盒在测试区(T)的高分子膜上含有相关毒品耦联物;在加样孔(S)含有抗相关毒品胶体金抗体;在控制区(C)含有羊抗鼠抗体。

测试时,尿液滴入试剂盒(S)孔内,尿液在毛细效应下向上层析。如相关毒品在尿液中浓度低于规定浓度(吗啡为 300ng/ml),抗相关毒品抗体金抗体不能与尿液中相关毒品全部结合,抗相关毒品胶体金抗体在层析过程中会与固定在测试区(T)高分子膜上的相关毒品在尿液中浓度高于规定浓度,抗相关毒品胶体金抗体与尿液中相关毒品全部结合,在测试区(T)没有剩余的抗相关毒品胶体金抗体与相关毒品耦联物结合而不出现紫红色带,检测结果为阳性。无论相关毒品是否存在于尿液中,一条紫红色带会出现在质控区(C)。紫红色 C 线是判定相关毒品金标筛选试剂盒是否失效的标准。

【尿液样本收集及保存】

a. 尿液收集在洁净的玻璃或塑料器皿中,不加任何防腐剂。

b. 监督排尿,采集现场不能有食盐、清洁剂或漂白剂等化学物质,以避免加入尿样中破坏尿样中的毒品,同时也要防止尿样中加水以及尿样被调换。

c. 注意收集尿样的时间性,由于吸毒后尿中出现毒品至少在 2 小时以后,最好在怀疑被检者吸毒后的 4 小时收集尿样。

d. 留取尿样应由专门人员收集,收集尿样后应加盖并加标签,注明病人的姓名、性别、年龄、编码以及收集者的姓名、收集时间。

e. 尿液如不能及时进行检验,2～8℃可保存 72 小时;−20℃ 以下可长期保存。

f. 尿液忌反复冻融;冷藏或冷冻的尿液在检测前要恢复至室温(18～30℃),混匀。

g. 尿液若浑浊,需先离心,去除沉淀后再进行检测。

【操作方法】

a. 从铝箔袋内取出试剂盒平放于试验台上。

b. 用吸管吸取尿液,向试剂盒的加样孔(S)中滴加 3 滴(100μl)尿液。

c. 等待 3～5 分钟,从观察孔中读取结果,10 分钟后读取结果无效。

【结果判定】

阳性（＋）：仅质控区 C 出现紫红色带，而测试区 T 无紫红色带，表明尿液中相关毒品浓度在阈值以上。

阴性（－）：质控区 C 及测试区 T 位出现紫红色带，不论颜色深浅，均表明尿液中相关毒品浓度在阈值以下。

无效：质控区 C 位出现紫红色带，表明试剂盒失效。

B. 常规检查

a. 血常规。吸毒者可有淋巴细胞增高，合并感染时白细胞总数与中性粒细胞数增高。

b. 肝功能。吸毒者的谷丙转氨酶（ALT）、谷草转氨酶（AST）、碱性磷酸酶（ALT，以往简写为 AKP）一般可有高于正常值，多为毒品及掺杂物对肝细胞造成了损害，或合并乙、丙、丁、戊型肝炎病毒感染所致。

c. X 线检查。长期吸毒者由于营养不良、卫生不佳、吸烟等原因，易患慢性气管炎、肺气肿、肺结核；同时，吸毒者被抓获后为逃避打击常吞服各种异物，因此应常规摄胸腹 X 线平片检查。

C. 性病检查

a. 艾滋病

HIV 抗体检测分为筛查试验和确认试验。

HIV 抗体检测筛查试验：常用的筛查方法是酶联免疫试验（ELISA）、快速检测（RT）及尿液 HIV 抗体检测。

HIV 抗体检测确认试验：包括免疫印迹试验（WB）、条带免疫试验（LIATEKHIVⅢ）、放射免疫沉淀试验（RIPA）及免疫荧光试验（IFA）。国内常用的确认试验方法是 WB。

WB 结果判定：

HIV-1 抗体阳性（＋）：至少有两条 env 带（gp41 和 gp160/gp120）出现，或至少一条 env 带和 p24 带同时出现。

HIV-2 抗体血清学阳性（＋）：同时符合以下 2 条标准可判为 HIV-2 抗体血清学阳性：符合 WHO 阳性判定标准，即出现至少两条 env 带（gp36 和 gp140/gp105）；符合试剂盒提供的阳性判定标准。

HIV 抗体阴性（－）：无 HIV 抗体特异带出现。

艾滋病试纸检测结果判定：阳性（＋）：试纸上出现两条红线，表明血液 HIV 抗体阳性。说明样品血液被高度怀疑为 HIV 感染，若要最终确认，需做（WB）试验。Western-blotting 这个试验需要由省一级或以上的艾滋病检测实验室才能完成。阴性（－）：试纸上仅出现一条红线（对照线），表示血液 HIV 抗体阴性。说明样品血液未被 HIV 感染，但在空窗期检测到的阴性结果可能不正确，因为在这段时期中，人体对 HIV 感染还没有产生足以被检测到的抗体。无效：试纸上没有出现红线，说明试验失败，可能原因是未按操作程序进行操作或试纸本身存在质量问题。

b. 淋病

淋球菌实验室检查包括涂片检查、淋球菌培养、抗原检测、PPNG 测定、基因诊断及药敏试验。

涂片检查：取患者尿道分泌物或宫颈分泌物，做革兰染色，在多形核白细胞内可找到革兰阴性双球菌。

培养检查:淋球菌培养是诊断的重要佐证,培养法对症状很轻或无症状的男性、女性病人都是较敏感的方法,只要培养阳性就可确诊,在基因诊断问世以前,培养是 WHO 推荐的筛选淋病的唯一方法。

抗原检测:固相酶免疫试验(EIA)可检测临床标本中的淋球菌抗原,在流行率很高的地区而又不能做培养或标本需很长时间运送时使用,可用来诊断淋球菌感染。

基因诊断:淋球菌的基因探针诊断(LCP),所用的探针包括质粒 DNA 探针、染色体基因探针、rRNA 基因探针。

药敏试验:在培养阳性后需进一步做药敏试验,以指导临床抗生素的使用。

c. 梅毒

梅毒的病原体是梅毒螺旋体(TP),含有表面抗原,能刺激机体产生两类抗体,一类为抗梅毒螺旋体的特异性抗体,一类为非特异性抗体。根据梅毒螺旋体的生物学及免疫学特性,目前国内外所用的梅毒螺旋体的检测方法主要有以下几种。

病原体检测:直接观察分泌物中的梅毒螺旋体,如见到运动活泼的苍白螺旋体可直接诊断梅毒,是最特异、最准确的诊断方法,但灵敏度低。

梅毒血清学试验:是梅毒诊断最主要的实验室检查方法,根据所用抗原不同可分为两类:非梅毒螺旋体抗原血清试验:用心磷脂做抗原,测定血清中抗心磷脂抗体,此类试验为非特异性抗体检测试验,被多数医院列为梅毒的常规筛查试验。这类试验可观察疗效、复发及再感染,适用于二期梅毒的诊断,而不适用于诊断一、三期梅毒,包括潜伏梅毒、神经梅毒的诊断。另一种是梅毒螺旋体抗原血清试验:用活的或死的梅毒螺旋体或其成分做抗原测定抗螺旋体抗体。该试验敏感性和特异性均高,一般用作确认试验,可检测血清中的抗梅毒螺旋体 IgG 或 IgM 抗体。该抗体即使患者经过足够治疗,仍能长期存在,甚至终身不消失,血清反应持续存在阳性。因此,该试验不能用于观察疗效。

基因诊断技术检测梅毒螺旋体(TP-PCR):TP-PCR 检测梅毒螺旋体 DNA,特异性很强,敏感度很高,是目前诊断梅毒螺旋体的先进方法。

脑脊液检查:用于诊断神经性梅毒,包括细胞技术、蛋白含量测定、VDRL 试验、PCR、胶体金试验等。脑脊液 VDRL 试验是神经梅毒的较可靠诊断依据,有条件的单位可行脑脊液 PCR 检测,以快速准确地诊断神经性梅毒。

(4)注意事项

①病史应尽可能地详尽,药物滥用史、治疗史、既往史、个人史应询问患者本人,必要时向其家人或朋友了解;

②注意保护患者隐私,询问地点为单独空间,避开无关人员;

③除常规检查(营养状况、体重、脱水征、有无中毒或戒断症状、生命体征)外,应注意那些直接或间接与药物依赖有关的体征。

2.2 脱毒治疗

(1)岗位角色

具有职业医师资格的医务民警。

（2）工作要领

①按照脱毒治疗原则,进行脱毒治疗;

②合理选择脱毒药物;

③选择合适的脱毒方法和时间;

④考虑脱毒的依从性问题;

⑤掌握脱毒成功的标准。

（3）工作标准

接受脱毒治疗的病人只有同时符合以下四条方可认为达到脱毒成功,其标准为:

①停止使用控制或缓解戒断症状的药物,包括用于替代递减的阿片类药物和用于控制戒断症状的其他药物;

②急性戒断症状完全或基本消除,或仅残留少量轻度的戒断症状;

③尿毒品检测阴性;

④纳洛酮促瘾试验阴性。

（4）注意事项

完成脱毒治疗只是戒毒治疗的第一步,对于脱毒者而言,还有诸多方面的问题需要面对和解决;对于医务工作者而言,也还有许多工作要做。归纳起来,在脱毒治疗完成后,脱毒者和医务人员应该注意并正确处理以下七个方面的问题:

①慢性稽延性戒断症状。刚刚脱毒的个体,中枢神经系统内与药物依赖相关的神经机制系统功能并未完全恢复,尚处于再调整阶段,需要一个漫长的过程。此时,大部分人会出现不同程度的睡眠障碍、情绪波动、心境不佳、烦躁、浑身酸软无力、骨关节和肌肉疼痛,有时还会出现流泪、流涕、打哈欠和打喷嚏等症状,此即为慢性稽延性阶段症状。这些症状对于有过吸毒和戒毒经验的人来说,会自然地联想到毒品,并产生“再吸一口”的冲动。在复吸的原因中,此类症状占有较高的比例。

②渴求。是指药物依赖者的一种反复出现和不可抑制地、强烈地、顽固地想要得到和使用毒品的渴望和冲动。渴求感是整个戒毒过程中长期存在的一种渴望再次使用毒品的冲动。药物依赖者将其称之为“心瘾”、“想瘾”。渴求感在多数情况下并不是简单地想靠意志压抑得住的,只要条件可能,它便如同机体内所产生的欲望一样,顽强地要求获得满足。这种冲动的有无,与脱毒治疗环境、脱毒治疗药物和方法并无明显的关系,而是毒品对中枢神经系统作用的结果。无论在何处、用何种方法脱毒,戒毒者对毒品的渴求感始终是存在的。渴求感是一种客观存在,并不是主观上想与不想的问题。在吸毒者的复吸原因中,渴求感占了十分重要的地位。

③躯体疾病。在脱毒后的相当长时间里,机体的抵抗力尚未恢复而处较低的水平,患者易患其他各种躯体疾病,这本属正常,但问题的关键是大多数脱毒者一是会将这些疾病的症状“自然的”混为戒断症状;二是在他们的经验中,毒品是解决这些疾病与症状的“灵丹妙药”。许多脱毒者就是这样复吸的。

④行为问题。由于长期吸食毒品,吸毒者的行为已偏离正常,与毒品密不可分。主要表现为用“药”压倒一切;生活一反常态,昼夜颠倒、家不常归、谎话连篇、低三下四;搞钱不择手段;情绪索然、懒惰无比。以上问题在脱毒后是不可能在短期内改变的,他们总是自觉或不自觉地故伎重演,使他们与正常人和社会之间形成一道屏障,难以回归正常社会,这也促使

他们回到吸毒者群体中,导致复吸。

⑤家庭问题。长期使用毒品后,吸毒者与家庭成员之间的关系会处于一种紧张、对立、互不信任和不接纳的状态,相互之间沟通与交流也明显出现问题。吸毒者完成脱毒后所面临的一个重要问题就是如何顺利回归家庭,这个问题解决不好,他们可能失去家庭支持系统的支持作用,重蹈覆辙。

⑥职业问题。长期使用毒品后,吸毒者的职业功能受到明显损害,甚至丧失。脱毒后,脱毒者的职业功能是不可能在短期内得到恢复的,特别是有的吸毒者本来就缺乏职业技能。

⑦社会问题。"物以类聚,人以群分",长期使用毒品后,吸毒者慢慢地失去了正常的朋友,而只剩下一些吸毒的朋友。对于他们而言,由于大家都使用毒品,所以都平等,没有歧视,有安全感。这就是吸毒者的同伴环境,不脱离这个环境,复吸只是时间问题。

以上问题都是在身心康复阶段需要面对和加以解决的,其中最主要的任务是消除稽延性戒断症状、克服渴求、心理行为矫正和职业功能训练。为此,需要进行心理行为干预和康复治疗。

总之,完成脱毒治疗并不是治疗的结束,而是进一步治疗的开始,它仅仅意味着收治者躯体症状的消除或基本消除,而更多的诸如行为、情绪、态度、思维、职业技能和社会适应等方面的问题还有待于在随后的康复治疗中加以解决。单纯的脱毒治疗,其效果是有限的,因为它不是戒毒治疗,更不能替代戒毒治疗。

2.3　常见戒断症状和稽延症状的护理

(1)岗位角色

医务民警、心理咨询民警、中队民警。

(2)工作要领

①评估症状及体征;

②制定改善症状的目标;

③提出护理措施;

④评估护理措施的效果。

(3)工作标准

①消化道症状的护理

阿片类药物的一个突出的药理作用是兴奋胃肠道平滑肌,使胃肠道蠕动减慢,排空时间延长,饥饿感下降,饮食减少,导致营养缺乏和严重的便秘,甚至低血钾症等电解质紊乱,肝功能异常,转氨酶升高,病毒性肝炎等疾病。常见的消化道症状有食欲下降、厌食、恶心、呕吐、腹胀、腹痛和腹泻等。苯丙胺类兴奋剂如冰毒能抑制丘脑摄食中枢,导致食欲下降,故苯丙胺类兴奋剂的成瘾患者常有饥饿感此戒断症状。

对于消化道症状,可采取的措施如下:

A. 向患者简述出现症状的原因,进行安慰,使其保持情绪稳定。

B. 评估呕吐的次数、性状和量,遵医嘱采取相应的止吐措施。

C. 饮食上嘱清淡饮食,减少刺激性的食物。

D. 对于便秘者,要采取缓解或灌肠等通便措施,解除患者排便的痛苦。

E. 脱毒者本身无器质性的胃肠道病变,稽延期腹痛等症状多为功能性,其临床处理一般无特别要求,一般使用阿托品、654-2有较好疗效。

F.稽延期腹泻多由胃肠功能紊乱所致,一般不重,仅为大便溏稀,次数增多,有时表现为腹泻与便秘交替出现,常无需特殊处理,服用普通的止泻药可收到良好效果。

②睡眠障碍的护理

阿片类药物主要作用于中枢神经系统,与阿片受体结合产生镇痛和不同程度的镇静作用,用药后多处于安静、易入睡状态。而苯丙胺类兴奋剂影响中脑边缘区地欣快中枢,产生欣快体验,使人感觉兴奋,活动增加,睡眠减少。所以冰毒成瘾戒毒患者一般是嗜睡的戒断症状,而阿片类药物成瘾的戒毒患者常有睡眠障碍,部分患者的睡眠障碍非常严重。

A.根据病情,遵医嘱服用相应的辅助睡眠药物。定时服用助睡眠药物,最好在睡前半小时,勿服用过早;睡眠时间每天规律定时。

B.提供安静舒适的环境,避免不良刺激。尽量提供单人房间,保证无噪音,光线适宜,空气流通;在入睡前应避免过度兴奋,避免参加兴奋紧张的游戏;值班民警查夜时走路、开门动作要轻缓。

C.培养规律的生活。帮助患者建立有规律的生活习惯,鼓励其参加各种娱乐活动,白天可以尽量不午睡,多参加培养注意力集中的娱乐活动;适当的体能训练也是促进晚上睡眠的一种方法。

D.解除焦虑情绪。应用解释、疏导或分散注意力等方法,解除或缓解患者的焦虑情绪,排除杂念,静心戒毒。

③抑郁症状的护理

A.多给予支持与鼓励,向患者介绍正确的戒毒过程,预防复发的手段和技巧,增强戒毒的信心。

B.鼓励患者倾诉及发泄自己的情绪,耐心倾听,给予细心安慰,使患者的不良情绪得到释放,同时将影响情绪的原因及时反馈到心理科室,以便专业治疗。

C.预防患者自伤自残的过激行为。自杀行为是抑郁患者最危险、最严重的并发症。要仔细观察患者的情绪变化和自杀先兆症状,如焦虑不安、失眠、沉默少语或心情豁然开朗、在出事地点徘徊、犹豫、烦躁、拒餐、卧床不起等表现。在与患者的接触中,应能识别这些动向,给予心理上的支持,使他们振作起来,避免意外发生。对有消极意念的患者,做到心中有数,重点观察巡视。尤其在夜间、凌晨、午睡、饭前和节假日等情况下,更加应该提高警惕。

D.遵医嘱使用三环类等抗抑郁药,改善症状的同时做好相关评估与记录。

E.做好药品及违禁物品的保管工作。加强对宿舍的安全检查,杜绝违禁物品的藏匿,加强药品特别是镇静催眠药和精神类药品的管理。

(4)注意事项

①对镇静催眠药的使用必须有医师指导,不可长期大量使用,最好2～3种不同类的镇静催眠药轮流交替使用。

②帮助康复期患者找到自身价值,获得重新做人的决心和信心。康复阶段的戒毒患者,身体戒断症状基本消失,或者有一些失眠等稽延症状仍需要一段时间康复。此阶段应该根据患者的爱好特长,引导其参加适宜的娱乐活动和工作培训,通过活动得到心理康复,找到自身价值,获得重新做人的决心和信心。在强化毒品危害教育的同时,进行心理辅导和行为矫正,纠正不良习惯,培养良好的生活作风。此外,加强对家庭的宣传教育,在家人亲属的支持下,更好地完成康复计划。

第3章 戒毒康复训练

3.1 身体康复训练

(1)岗位角色

入所队、大(中)队、生活卫生科民警,诊断评估工作委员会。

(2)工作要领

强制隔离戒毒场所对戒毒人员开展的身体康复训练管理工作,应当按照以下程序进行:

①入所队民警应组织新收治、且急性生理脱毒已完成的戒毒人员进行广播体操和队列训练等身体功能恢复性训练活动。

②各大(中)队民警组织处于生理脱毒期和身体康复期的戒毒人员进行体能训练(7选3),包括力量训练(俯卧撑或仰卧起坐)、协调性训练(单腿深蹲起立、闭眼单脚站立、踢毽子、跳绳、50米折返跑)和耐力训练(中长跑)等。

③诊断评估工作委员会根据考核结果在身体康复期结束前对每名戒毒人员作出体质改善效果评议。

(3)工作标准

①做好身体功能恢复性训练活动情况记录,并在生理脱毒期完成前进行考核,使其身体机能基本恢复到一般人的正常水平。

②每月至少组织一次体能训练活动,由生活卫生科和大(中)队组织戒毒人员进行体能考核,做好记录,并根据考核结果制定针对性的训练计划,不断巩固身体康复训练效果。

(4)注意事项

①强制隔离戒毒所对完成生理脱毒治疗的戒毒人员开展身体康复治疗,组织体能恢复训练(按年龄、性别及身体状况分不同层次进行),接受各类教育,参加适度康复劳动,实现体能的基本恢复。

②对戒毒人员体质改善情况的认定,应当是在对多次体能测试的成绩进行综合分析的基础上做出的,分为"改善"和"未改善"两种。

③根据戒毒人员自身条件情况,充分考虑医务人员的意见,坚持保障安全、强度恰当、循序渐进、逐步提高的方法组织戒毒人员参加相关项目的训练与考核。

④戒毒人员体质改善情况测试指标包括:

A.生理指标:一般项目的变化、疾病的康复情况、稽延性戒断症状的改善情况等;

B.体能指标(7选3):力量训练(俯卧撑或仰卧起坐)、协调性训练(单腿深蹲起立、闭眼单脚站立、踢毽子、跳绳、50米折返跑等)和耐力训练(慢跑)等是否渐趋提高。

⑤推广使用专门仪器设备测定戒毒人员体能指标,测定结果作为评判戒毒人员体质是否改善的依据。

体能指标基础分值

项目 年龄段	力量训练		协调性训练									耐力训练	
	俯卧撑	仰卧起坐	单腿深蹲起立		闭眼单脚站立		踢毽子		跳绳		50米折返跑		慢跑	
	个/不计时	个/不计时	个		秒		个/1分钟		个/1分钟		50米		1000米	800米
	男	女	男	女	男	女	男	女	男	女	男	女	男	女
25周岁以下	9	9	5	5	15″	12″	20	18	60	60	14″	16″8	9′30″	8′45″
26~35周岁	7	7	4	4	13″	10″	15	14	40	40	15″	17″8	10′45″	10′45″
36~45周岁	6	6	3	3	10″	7″	10	8	30	30	16″	18″8	11′45″	11′45″
46~55周岁	5	5	2	2	8″	5″	8	6	25	25	17″	19″8	13′30″	13′45″
56周岁以上	能够正常参加日常康复训练													

3.2　心理康复训练

（1）岗位角色

大（中）队民警，心理咨询师、诊断评估工作委员会。

（2）工作要领

强制隔离戒毒场所对戒毒人员开展的心理康复训练管理工作，应当按照以下程序进行：

①心理咨询师对处于生理脱毒期和巩固期的戒毒人员分别进行一次艾森克个性测验量表（EPQ）或卡特尔16项人格因素评定量表（16PF）或明尼苏达多项人格问卷（MMPI）等人格测试和海洛因渴求或焦虑、抑郁等自评量表测评；

②专职教育民警对戒毒人员定期开展对毒品危害性的认识、法制观念、人生观和道德观等毒品认知方面的教育；

③专职心理咨询师对有心理问题的戒毒人员开展门诊心理咨询、电话咨询或团体咨询等；

④诊断评估工作委员会根据测评结果、毒品认知和心理咨询等方面结果在巩固期内对戒毒人员进行评议。

（3）工作标准

①做好生理脱毒期和巩固期戒毒人员人格测试和海洛因渴求或焦虑、抑郁等自评量表的测评记录，并对测评结果进行对比、分析；

②做好戒毒人员对毒品认知方面的考核；

③做好心理咨询情况记录，进行心理社会取向的行为技能训练，纠正其心理行为障碍，增强戒毒人员自我调节、缓解心理问题能力，最大限度地恢复其社会行为功能。

（4）注意事项

①对戒毒人员心理脱瘾情况的界定是在对其多次测试的结果进行综合分析的基础上做

出的,分为"通过"和"未通过"两种;

②戒毒人员心理脱瘾情况测试项目有:

A. 拒毒能力测试:戒毒人员在戒毒巩固期至少要参加二次拒毒能力训练和心理矫治,将各次拒毒能力训练和心理矫治情况记录在心理矫治和评价档案中。本期末要对戒毒人员进行拒毒能力测试和毒品渴求调查,综合分析测试和调查结果,做出评议。

B. 心理量表测试:戒毒人员入所后要参加人格或心理症状等方面的测试。通过心理量表测试取得较为科学且可以量化的心理学数据,并根据其康复期与巩固期的测试数据进行对比、分析,作出评议,进一步指导心理脱瘾工作。

量表可以包含:艾森克个性测验量表(EPQ)、卡特尔16项人格因素评定量表(16PF)以及90项症状量表(SCL-90)、抑郁量表(SDS)、焦虑量表(SAS)等。

C. 毒品认知程度测试:主要包括对毒品危害性的认知、法制观念、人生观和道德观等方面的进一步强化。本期末要求戒毒人员写出对毒品危害性的认知和回归计划等文字材料,根据其每次认知测试成绩、平时表现和书面材料等方面的要素,做出评议。

3.3 生活技能训练

(1)岗位角色

大(中)队、教育科民警。

(2)工作要领

强制隔离戒毒场所对戒毒人员开展的生活技能训练管理工作,应当按照以下程序进行:

①民警应组织戒毒人员进行日常健康生活习惯养成和人际关系技巧训练,可以通过讲座、讨论、角色扮演、相互交流等形式进行,并做好记录;

②大(中)队民警定期组织戒毒人员进行情绪应付、应激应付训练;

③专职教育民警定期对戒毒人员开展书画、文学和职业道德等方面教育和练习,并进行考核;

④进行出所前的家庭及社会干预,动员家庭和社会力量积极参与康复计划,必要时,应签订社区康复帮教协议;

⑤大(中)队民警应组织处于康复期和巩固期的戒毒人员开展职业及生存技能训练。

(3)工作标准

①增强戒毒人员生活毅力,培养正确的世界观、人生观、价值观,正确处理人际关系;

②增强戒毒人员应对挫折的能力,设置一些过渡性的生活环境,有针对性地对处于不同时期的人给予不同的帮助,促使其逐步回归社会;

③增强戒毒人员就业谋生的能力,减少犯罪,使之最终摆脱毒品,适应社会生活。

第4章　教育矫治

4.1　入出所教育

4.1.1　生理脱毒期教育

(1)岗位角色

入所队民警。

(2)工作要领

戒毒人员入所后的前两个月为生理脱毒期,在进行生理脱毒的同时,进行初步认知和环境适应性教育。

(3)工作标准

①民警整队清点人数后,按时将戒毒人员带到指定的教育地点,维护好现场秩序,并引导戒毒人员落实好互助制度。

②教育内容包括吸毒行为违法性教育、强制隔离戒毒人员权利义务教育、所规所纪教育、所内戒毒流程介绍以及队列训练等内容。

③对完成生理脱毒期教育的新收人员进行考核,根据考核结果提出戒治建议,并将其编入相应的大(中)队转入康复期教育。

(4)注意事项

①对考核不合格的戒毒人员,要重新进行生理脱毒期教育;

②值班民警与其他中队执勤民警要防止教育过程中发生各类突发事件。

4.1.2　回归社会准备期教育

(1)岗位角色

出所队民警。

(2)工作要领

强制隔离戒毒所应当对临近解除强制隔离戒毒的人员进行回归社会教育,帮助戒毒人员树立生活信心,增强社会适应能力;回归社会准备期教育时间为 2 个月。

(3)工作标准

①民警整队清点人数后,按时将戒毒人员带到指定的教育地点,维护好现场秩序,并引导戒毒人员落实好互助制度。

②教育内容包括形势和政策教育、就业指导和社会环境适应教育。

③强制隔离戒毒所应当采取措施帮助出所人员构建和恢复必要的社会支持系统。

④强制隔离戒毒所应当对临近解除强制隔离戒毒的人员进行教育质量评价,评价结果和后续康复建议记入《强制隔离戒毒人员戒治诊断评估手册》。

(4)注意事项

①强制隔离戒毒所应当进行防复吸训练,使戒毒人员掌握抵御毒品诱惑、拒绝毒友拉

拢、应对高危情境和生活挫折的方法,增强自我防范意识。

②值班民警与其他中队执勤民警要防止教育过程中发生各类突发事件。

4.2　课堂化教育

4.2.1　课前集体带进

(1)岗位角色:值班民警、中队其他执勤民警。

(2)工作要领:民警整队清点人数后,按时将戒毒人员带到指定的学习地点。

(3)工作标准:维护好现场秩序,并引导戒毒人员落实好互助制度。

(4)注意事项:值班民警与中队其他执勤民警的站位要准确,防止行进过程中发生各类突发事件。

4.2.2　课后集体带回

(1)岗位角色:值班民警、中队其他执勤民警。

(2)工作要领:民警整队清点人数后,将戒毒人员带回生活场所。

(3)工作标准:维护好现场秩序,带回人数与带出人数必须相符。

(4)注意事项:开展必要的检查,确保违禁品不流入。

4.2.3　法制道德教育

(1)岗位角色

民警教师。

(2)工作要领

①教育内容为热爱祖国、拥护中国共产党、拥护社会主义和法律道德等。

②校务委员会负责聘任教师,教务处负责制订教学制度和教学计划,组织编写教案、编印试卷、组织考试等工作,全面实行周集中教育日模式。

③课堂教育形式既可以采用课堂面授,也可以开展视频教学、电化教学、网络教学,还可以采取兴趣小组活动、讲评教育、专题讲座等多种形式。

④要将集中教育日活动情况记载在教学日志里,并在值班日志中反映出来。

⑤需要调整课堂教育时间时,应当由大(中)队提出书面申请,填写《调课审批单》,送教育部门审核后,报所领导批准,事后应当及时安排补课。

(3)工作标准

帮助戒毒人员树立法制道德观念,培养爱国主义情操,树立正确的人生观、价值观和社会主义荣辱观,增强生命意识、责任意识和感恩意识。

4.2.4　禁毒戒毒教育

(1)岗位角色

民警教师。

(2)工作要领

①教育内容为吸毒行为违法性教育、所内戒毒流程等。

②校务委员会负责聘任教师,教务处负责制订教学制度和教学计划,组织编写教案、编印试卷、组织考试等工作,全面实行周集中教育日模式。

③课堂教育形式既可以采用课堂面授,也可以开展视频教学、电化教学、网络教学,还可以采取兴趣小组活动、讲评教育、专题讲座等多种形式。

④要将集中教育日活动情况记载在教学日志里,并在值班日志中反映出来。

⑤需要调整课堂教育时间时,应当由大(中)队提出书面申请,填写《调课审批单》,送教育部门审核后,报所领导批准,事后应当及时安排补课。

(3)工作标准

帮助戒毒人员提高对毒品危害的认识水平,增强自觉抑制毒品和适应社会能力,戒除毒瘾,回归社会,成为守法公民。

4.2.5　康复知识教育

(1)岗位角色

专业民警教师。

(2)工作要领

①教育内容为科学、人文和审美教育等。

②校务委员会负责聘任教师,教务处负责制订教学制度和教学计划,组织编写教案、编印试卷、组织考试等工作,全面实行周集中教育日模式。

③课堂教育形式既可以采用课堂面授,也可以开展健身房训练、户外运动和拓展训练相结合的方式等多种形式。

④要将集中教育日活动情况记载在教学日志里,并在值班日志中反映出来。

⑤需要调整课堂教育时间时,应当由大(中)队提出书面申请,填写《调课审批单》,送教育部门审核后,报所领导批准,事后应当及时安排补课。

(3)工作标准

帮助戒毒人员提高修养,培养健康的兴趣爱好。

4.2.6　心理健康教育

(1)岗位角色

民警教师。

(2)工作要领

①教育内容为心理健康知识,学会心理自我调节的方法,了解寻求心理救助的途径等。

②校务委员会负责聘任教师,教务处负责制订教学制度和教学计划,组织编写教案、编印试卷、组织考试等工作,全面实行周集中教育日模式。

③课堂教育形式既可以采用课堂面授,也可以开展视频教学、电化教学、网络教学,还可以采取兴趣小组活动、讲评教育、专题讲座等多种形式。

④要将集中教育日活动情况记载在教学日志里,并在值班日志中反映出来。

⑤需要调整课堂教育时间时,应当由大(中)队提出书面申请,填写《调课审批单》,送教育部门审核后,报所领导批准,事后应当及时安排补课。

(3)工作标准

帮助戒毒人员提高对毒品的认识水平,改变不良心理,增强自觉抵制毒品和适应社会的能力。

4.2.7　职业技能教育

(1)岗位角色

民警教师。

(2)工作要领

①教育内容应根据戒毒人员的特点和社会需求设置职业技能培训项目,进行职业道德

教育,提供就业指导等。

②校务委员会负责聘任教师,教务处负责制订教学制度和教学计划,组织编写教案、编印试卷、组织考试等工作,全面实行周集中教育日模式。

③课堂教育形式既可以采用课堂面授,也可以开展视频教学、电化教学、网络教学,还可以采取兴趣小组活动、讲评教育、专题讲座等多种形式。

④要将集中教育日活动情况记载在教学日志里,并在值班日志中反映出来。

⑤需要调整课堂教育时间时,应当由大(中)队提出书面申请,填写《调课审批单》,送教育部门审核后,报所领导批准,事后应当及时安排补课。

(3)工作标准

帮助戒毒人员掌握一技之长,为其回归社会就业谋生创造条件。

4.2.8 课堂秩序监管

(1)岗位角色

值班民警、民警教师。

(2)工作要领

课堂教学时,由现场责任民警负责维护课堂纪律。主要包括:

①课前做好人数清点和纪律教育;

②课堂内开展必要的检查督促;

③划定课间休息范围,做好相应管理;

④课间休息后必须进行人数清点,确认无误后方可恢复上课;

⑤课堂教学结束后,清点人数,及时带回中队。

(3)工作标准

①确保教学过程中不发生打架、逃跑等严重违规违纪事件的发生;

②民警教师主要负责教学秩序。

4.3 个案化教育

4.3.1 入出所期间谈话

4.3.1.1 生理脱毒期谈话

(1)岗位角色

入所队民警。

(2)工作要领

①戒毒人员收治后,入所队民警应当在 24 小时以内进行个别谈话,了解核实戒毒人员的个人信息、健康状况、家庭社会关系、现实思想状况和其他有关情况;

②告知其依法享有的权利和必须履行的义务;

③填写《新收治戒毒人员情况调查表》。

(3)工作标准

对发现个人信息与相关文书不符的,应当报所管理部门进一步核实;对可能影响场所安全稳定的情况应逐级上报,并及时采取防范措施。

(4)注意事项

谈话情况应及时与其他民警交接。

4.3.1.2　回归社会准备期谈话

（1）岗位角色：出所队民警（未设立出所队的，也可由出所小组分管民警负责）。

（2）工作要领：出所队民警应当在戒毒人员出所前 1 个月内进行个别谈话，主要是分析当前政治经济形势，对其进行理想前途方面的引导，鼓励其做一个自食其力的新人。

（3）工作标准：办理戒毒人员提前（按期）出所时，如已收到《责令社区康复决定书》的，应告知其按《责令社区康复决定书》要求在 15 个工作日内到户籍所在地的社区康复机构报到。

（4）注意事项：谈话情况应及时与其他民警交接。

4.3.2　特殊情形谈话

4.3.2.1　变更大（中）队戒毒人员的谈话

（1）岗位角色：中队分管民警。

（2）工作要领：谈话之前要详细了解变更大（中）队的真实原因，如属正常变更（心理脱毒期评估合格转入康复期，或康复期评估合格转入回归社会准备期），谈话中要求谈话对象要正确对待；如引起变更大（中）队是因谈话对象的表现、能力和人品等因素造成的，则必须对其进行教育提醒，要求其加强学习和提高素质。

（3）工作标准：要引导谈话对象正确对待正常的、合理的大（中）队变更；属非正常变更时，除教育引导外，还要将其暂时列为中队的内部控制对象，加强监控，确保场所的安全稳定。

（4）注意事项：谈话情况应及时与其他民警交接。

4.3.2.2　因违法违纪受到处分戒毒人员的谈话

（1）岗位角色：中队领导、中队分管民警。

（2）工作要领：谈话之前要详细了解受到处分的真实原因，要求谈话对象正确对待，并帮助其共同分析违法违纪的主客观原因，寻找深层次的根源，吸取深刻的教训，避免类似事件的再次发生。

（3）工作标准：既要使这些戒毒人员认识到自身的错误，又要让他们看到前进的方向；要将其列为中队的内部控制对象，确保场所的安全稳定。

（4）注意事项：谈话情况应及时与其他民警交接。

4.3.2.3　诊断评估后决定继续或者延长期限戒毒人员的谈话

（1）岗位角色：中队领导、中队分管民警。

（2）工作要领：谈话之前要详细了解诊断评估不符合 A 标准的真实原因，如属生理脱毒指标、体质改善效果或心理脱瘾情况不达标的情况，要教育该戒毒人员彻底认清毒品的危害，与毒品决裂；加强体能方面的训练，促使其体质的改善并着重强化心理脱瘾方面的训练；如属行为矫治考核达不到 A 标准的，则要鼓励该戒毒人员加强法律法规、所规队纪方面的学习和遵守，要求谈话对象树立信心，迎头赶上。

（3）工作标准：要让这部分戒毒人员感受到民警并没有放弃他们；对延长期限的戒毒人员要列为中队的内部控制对象，确保场所的安全稳定。

（4）注意事项：谈话情况应及时与其他民警交接。

4.3.2.4　回家探视前后戒毒人员的谈话

（1）岗位角色：中队领导、中队分管民警。

（2）工作要领：①谈话之前要详细了解该戒毒人员家庭的具体情况及与家庭成员的关

系,谈话中要对其进行法规、纪律教育,要求其保证在探视期间遵纪守法、遵守公德,向当地公安机关、居委会等如实汇报情况,接受他们的管理和监督;②对按时归所的戒毒人员,要鼓励他们继续积极矫治,取得更大的成绩;对未能按时归所的戒毒人员,除查明原因,给予批评教育外,还要按照有关规定给予必要的处理。

(3)工作标准:要让戒毒人员珍惜这样的机会,用实际行动回报社会;对未能按时归所的戒毒人员,要将其列为中队的内部控制对象,确保场所的安全稳定。

(4)注意事项:谈话情况应及时与其他民警交接。

4.3.2.5　长时间无人探访或者家人不与其联系的戒毒人员的谈话

(1)岗位角色:中队分管民警

(2)工作要领:谈话之前要详细了解戒毒人员家人不来所探访与联系的原因,如属家庭关系紧张、夫妻矛盾突出的情形,要尽量促使其缓解矛盾,消除紧张关系,必要时可由民警出面与其家人电话或信件联系,如实介绍戒毒人员的矫治情况,希望家人积极配合民警共同做好戒毒工作。如路途较近,在取得大队和所部的同意后,也可派民警前往戒毒人员家中,当面取得戒毒人员家人的理解和支持。

(3)工作标准:使长时间无人探访或者家人不与其联系的戒毒人员感受到民警对他们的关心和温暖;对暂时无法缓解矛盾、消除紧张关系的戒毒人员,要列为中队的内部控制对象,确保场所的安全稳定。

(4)注意事项:谈话情况应及时与其他民警交接。

4.3.2.6　长期患病戒毒人员的谈话

(1)岗位角色:中队分管民警。

(2)工作要领:谈话之前要详细分析戒毒人员长期患病的主客观因素,如属生理方面的原因,要重点体现出民警的关心与热情,帮助其树立战胜病魔的勇气和信心;如属心理方面的原因,则要加强与其心理的沟通和疏导,化解其不必要的心理压力,轻装上阵。

(3)工作标准:促使长期患病的戒毒人员放下思想包袱,与医务人员配合共同战胜病魔;如患病戒毒人员所内无治疗条件的,可转送社会医院诊疗救治。

(4)注意事项:谈话情况应及时与其他民警交接。

4.3.2.7　情绪、行为明显异常戒毒人员的谈话

(1)岗位角色:中队分管民警。

(2)工作要领:谈话之前要详细了解造成该戒毒人员情绪、行为明显异常的诱因,谈话中要对谈话对象情绪、行为明显异常的现象深入了解、仔细剖析,如情绪、行为明显异常属客观因素(家庭变故、人生挫折)造成,要对此表示理解,并帮助一起解决;如情绪、行为明显异常属主观因素(预谋犯罪、自伤自残),则应对其进行法规、法纪教育,严肃指出任其发展下去的严重后果。

(3)工作标准:造成情绪、行为明显异常的原因是客观的,要将该戒毒人员列为中队的内部控制对象;造成情绪反常的原因是主观的,要视情况将该戒毒人员列为所级或大队级难矫治人员,确保场所的安全稳定。

(4)注意事项:谈话情况应及时与其他民警交接。

4.3.2.8　变更执行方式、所外就医的谈话

(1)岗位角色:中队分管领导。

(2)工作要领:不论是变更执行方式,还是所外就医,戒毒人员都要离开强制隔离戒毒所,到社会上去继续自身的戒毒工作,因此民警在谈话中要特别强调戒毒人员的自律意识。要向戒毒人员说明清楚,戒毒不论是对社会还是对个人都是有百利而无一害的,因此不管身处何地,都要持之以恒地坚持戒毒;尤其是所外就医的戒毒人员,强制隔离戒毒人员的身份并没有改变,更要定期向强制隔离戒毒所汇报情况,接受当地公安机关、居委会的监督。

(3)工作标准:要让变更执行方式、所外就医的戒毒人员在新的地点,也能一如既往地配合有关部门做好戒毒工作;对所外就医的戒毒人员,如出现情绪异常的情况,要及时向大队和所部汇报,采取必要的措施确保场所安全。

(4)注意事项:谈话情况应及时与其他民警交接。

4.4 所区文化建设

4.4.1 所规纪律教育

(1)岗位角色:中队领导、中队执勤民警。

(2)工作要领:民警整队清点人数后,按时将戒毒人员带到指定的教育地点,由主持人宣布大会程序和纪律,然后由中队领导结合本单位的实际情况进行所规纪律教育。

(3)工作标准:维护好现场秩序,确保教育取得显著成效。

(4)注意事项:教育现场应根据参与人数,配备两名以上民警进行直接管理,并明确职责。

4.4.2 每周中队点评

(1)岗位角色:中队民警。

(2)工作要领:民警整队清点人数后,按时将戒毒人员带到指定的教育地点,由主讲民警联系本中队的具体情况进行点评,点评中要结合典型的人或事,使点评更有说服力。

(3)工作标准:弘扬正气,打击歪风邪气,确保点评取得显著成效。

(4)注意事项:点评现场中队民警应人人参与,并维护好现场秩序。

4.4.3 召开讨论会

(1)岗位角色:分管民警。

(2)工作要领:戒毒人员讨论的基本形式是分小组进行,一般安排在宿舍内,也可安排在教室等其他场所;由分管民警主持,围绕当前形势和管理教育的重点问题展开;讨论中要求人人发言,发言中允许有不同观点,不得追究当事人的责任;讨论结束时主持人要进行点评,给予必要的引导。

(3)工作标准:通过讨论,能起到分清是非、引领矫治的作用。

(4)注意事项:既要鼓励戒毒人员人人发言,充分表达自己的意见和看法,又要通过适当的方法引导戒毒人员走上正轨。

4.4.4 维护会议秩序

(1)岗位角色:中队民警。

(2)工作要领:召开会议时,由中队现场责任民警负责维护会议秩序。主要包括:

①会议前做好人数清点和纪律教育;

②会议中开展必要的检查督促;

③会议结束后,清点人数,及时带回中队。

（3）工作标准：会议之前要有精心的准备，使会议能达到预期的效果。确保召开会议期间不发生打架、逃跑等严重违规违纪事件。

（4）注意事项：如果是骨干会议，要布置会后传达贯彻的措施。

4.4.5　组织文体活动

（1）岗位角色：中队民警。

（2）工作要领：组织活动时，由中队现场责任民警负责活动安排和维护活动秩序。主要包括：

①活动前做好人数清点和纪律教育；

②活动中要鼓励戒毒人员积极参与，同时避免发生人身安全事故；

③活动结束后，清点人数，及时带回中队。

（3）工作标准：活动安排的内容既要寓教于乐，又要达到戒毒人员强身健体的目的。

（4）注意事项：安排活动要适度，不要超出戒毒人员的体能限度。

4.4.6　组织出黑板报

（1）岗位角色：中队管教员。

（2）工作要领：由中队管教员负责安排戒毒人员配合当前形势，撰写反映中队学习、戒治和生活卫生方面的稿件，应以鼓励积极矫治的内容为主，也可对坏人坏事进行批评教育，目的是为了弘扬正气，打击歪风邪气。管教员确定稿件后，由宣传报道组戒毒人员具体刊出。

（3）工作标准：力求内容生动、图文并茂、形式多样，对戒毒人员要有教育作用，同时能让戒毒人员喜闻乐见。

（4）注意事项：尽可能发挥大多数戒毒人员的写稿积极性，不要让写稿成为少数文化程度较高的戒毒人员的专利，杜绝抄袭。

4.4.7　组织开展文艺晚会

（1）岗位角色：中队民警。

（2）工作要领：组织晚会时，由中队责任民警负责安排戒毒人员配合当前形势，排演反映中队学习、戒治和生活卫生方面的小节目，应以鼓励积极矫治的内容为主，也可对坏人坏事进行批评讽刺。

（3）工作标准：力求内容生动、形式多样，同时能让戒毒人员喜闻乐见。

（4）注意事项：要求每个小组都能有节目，文艺晚会应以娱乐为主、教育为辅。

4.4.8　组织体育比赛

（1）岗位角色：中队民警。

（2）工作要领：组织比赛时，由中队责任民警负责动员戒毒人员，要求戒毒人员积极参与。比赛项目要符合戒毒人员的特点，为大多数戒毒人员所接受。比赛时间一般安排在节假日，既活跃节日的气氛，也缓解戒毒人员的思乡情绪。

（3）工作标准：力求内容生动、形式多样，同时能让戒毒人员身心得到锻炼。

（4）注意事项：要求每个小组都能有参赛项目，体育比赛应以娱乐为主、教育为辅。

4.4.9　生活情趣培养

（1）岗位角色：中队民警。

（2）工作要领：培养戒毒人员高雅的生活情趣，如棋琴书画、种花养草等。

（3）工作标准：培养戒毒人员广泛的爱好和兴趣，培育他们对美好生活的追求、乐观的生活态度和健康的心理，从而使他们的生活丰富多彩，对生活愈加产生浓厚的情趣，也就愈加热爱生活、珍爱生命。

(4)注意事项:培养戒毒人员正确品味生活情趣的能力,远离庸俗的不健康的生活情趣。

4.5　社会教育

4.5.1　签订帮教协议

(1)岗位角色:大队分管领导、中队民警。

(2)工作要领:应当加强同当地群众团体、企事业单位、基层组织、学校和社会各界的联系,通过签订帮教协议等形式,配合做好戒毒人员的教育工作。

(3)工作标准:①签订帮教协议要有利于戒毒人员的矫治和解除后的就业谋生;②帮教协议要明确规定各方所承担的责任。

(4)注意事项:应当充分依靠社会力量,利用社会资源对戒毒人员进行教育矫治,提高戒毒工作的社会化程度。

4.5.2　邀请来所帮教

(1)岗位角色:大(中)队分管领导、中队民警。

(2)工作要领:加强同当地党、政、工、青、妇、社会各界的联系,有目的、有计划地邀请各级领导与知名人士来队帮教,通过做报告、座谈等形式,帮助指导工作。

(3)工作标准:①报告内容既要有一定的思想性,又要有一定的艺术性,要与戒毒人员的知识水平、年龄结构相符合;②座谈时要关注戒毒人员感兴趣的话题,通过寓教于乐的形式感染戒毒人员。

(4)注意事项:在座谈过程中民警要注意引导戒毒人员关心社会、关心家人、关心他人。防止戒毒人员借座谈之际向外来人员讨要违禁物品。

4.5.3　社会志愿者和专业人员帮教

(1)岗位角色:大(中)队分管领导、中队民警。

(2)工作要领:要积极鼓励和吸收符合条件的社会志愿者和各类专业人员参与帮教工作,发挥他们的专长和技能,为戒毒人员提供支持和帮助。

(3)工作标准:①帮教要注意思想帮教与生活帮助的有机结合,发挥志愿者和各类专业人员的特长,切实帮助戒毒人员解决一些实际问题(包括解除后的就业问题);②条件成熟时,可将社会志愿者和各类专业人员聘请为辅导员,使他们能更热心地做好帮教工作。

(4)注意事项:如果可能,与社会志愿者和各类专业人员合作成立"爱心农场"或"爱心车间",帮助戒毒人员渡过解除强制隔离戒毒后无业可就的难关。

4.5.4　家属来所规劝帮教

(1)岗位角色:大(中)队分管领导、中队民警。

(2)工作要领:加强与戒毒人员家属的联系,向他们通报戒毒人员的所内表现,动员和指导他们来所进行规劝和帮教,用亲情感化戒毒人员。

(3)工作标准:①对于戒毒人员生理脱毒期、康复期、回归社会准备期的教育成果,中队要如实向其家属通报,取得他们的信任和支持;②每半年召开一次戒毒人员家属规劝帮教大会,事先物色好有一定能力、热心帮教事业的家长代表作主题演讲。

(4)注意事项:大中队领导可与所教育部门沟通,到帮教工作做得好的戒毒人员家中拍摄纪实录像片,在家属规劝帮教大会上播放,效果更加显著。

4.5.5　参与公益活动

（1）岗位角色：教育科领导、中队民警。

（2）工作要领：根据戒治工作的需要，组织戒毒人员到社会参观，参加禁毒宣传等公益活动。

（3）工作标准：①组织戒毒人员到社会参观时，要选择那些社会效益、经济效益都比较好的企事业单位，使榜样的作用更为突显；②参加公益活动时可选择社会欢迎、群众需求的内容，如禁毒宣传、清扫烈士陵园、抗灾救灾活动等，既教育了戒毒人员，也扩大了强制隔离戒毒的影响。

（4）注意事项：切不可以公益活动之名，行经营活动之实。

4.6　习艺劳动

4.6.1　日常管理

4.6.1.1　组织出工

（1）岗位角色：值班民警、中队其他执勤民警。

（2）工作要领：①出工应根据戒毒人员数量配备两名以上民警，整队清点人数，按时带队出工；②出工途中一名民警指挥队列行进，其他民警负责队列前后整体情况的管控；③队列带入习艺区指定地点，并由带队民警整队清点人数无误后，由一名民警提前进入习艺车间监管，其他民警负责队列有序进入并最后跟进管理。

（3）工作标准：着装规范，精神饱满，步伐一致，安全文明。

（4）注意事项：值班民警与中队其他执勤民警的站位要准确，防止行进过程中发生各类突发事件。

4.6.1.2　发放劳动工具

（1）岗位角色：中队民警。

（2）工作要领：现场民警负责清点、检查、发放劳动工具，做好登记，并及时核查劳动工具的定位情况。

（3）工作标准：发放的数量与登记的情况必须相一致，危险工具（如刀、剪等）必须固定。

（4）注意事项：对危险性较大的工具应严格控制使用对象，禁止戒毒人员保管、使用工具柜钥匙。

4.6.1.3　确定劳动定额

（1）岗位角色：中队民警。

（2）工作要领：确定劳动定额要以生产产品的难易程度为依据，以生产计划为基础，按中队全局平衡，并以单项平衡和局部平衡作为补充，确定各项生产计划指标，再根据生产的产品和生产规程，按设备定员，用分析核算法（即每批物资入库之后，从当日起由财务部门按正常的收费标准和应发生的费用，计算出在库保本期限，提供给业务部门）确定定额。

（3）工作标准：按略低于社会同行业的定额标准适当确定，并注意发挥他们的特长，让他们有产可超，然后适度奖励，激励他们习艺劳动的积极性。

（4）注意事项：应当根据戒毒人员的性别、年龄、体力、技术条件，进行合理安排。

4.6.1.4　产品质量管理

（1）岗位角色：中队民警。

（2）工作要领：教育戒毒人员严格遵守劳动纪律和生产流程，并在习艺劳动过程中加强监督、检验，对不合格产品，要依照有关规定对责任人进行必要的处理。

（3）工作标准：检验劳动成果的重要依据即是劳动产品质量合格。

（4）注意事项：在戒毒人员习艺劳动的现场管理过程中，要强调效益意识，以增强戒毒人员的劳动成就感。

4.6.1.5 生产设备管理

（1）岗位角色：中队民警。

（2）工作要领：经常检查劳动设备的运转情况，指导戒毒人员正确使用设备，督促戒毒人员厉行节约，杜绝浪费。

（3）工作标准：保证生产设备的正常运转。

（4）注意事项：生产设备每年必须定期保养，责任到人，确保不发生重大设备事故。

4.6.1.6 组织装卸货物

（1）岗位角色：中队民警。

（2）工作要领：①待驾驶员离开车辆后，民警方可组织戒毒人员（一般相对固定）进行货物装卸；②装卸过程中，民警要防止戒毒人员与外来人员接触，防止违禁品的流入；③装卸结束后，民警要清点人数，在确保人数正确、车辆无异常的情况下，将戒毒人员带回中队，然后将车辆和外来人员带出大门。

（3）工作标准：确保货物正常装卸，防止戒毒人员跟随车辆混出大门。

（4）注意事项：在装卸货物过程中，民警须监督装卸人员不得进入驾驶室等部位，防止违禁品的流入。

4.6.1.7 习艺劳动考核

（1）岗位角色：中队民警。

（2）工作要领：①要建立科学的考核制度；②要细化每一个戒毒人员的劳动任务（定额标准）；③对于一些必须以集体考核的项目，要适当细分集体考核项目内的子项目，可以通过班组会等民主讨论的形式，根据能力大小，分配每一个戒毒人员在班组内的生产任务岗位，最大限度地激发戒毒人员参加习艺劳动考核的积极性。

（3）工作标准：①思想行为方面无违规违纪；②保质保量完成生产任务；③生产效益情况良好；④单位时间内劳动生产技能熟练。

（4）注意事项：戒毒人员入所初期主要进行的是以生理脱毒为主的生理心理治疗，所以一般不进行劳动生产项目的培训与考核。

4.6.1.8 回收劳动工具

（1）岗位角色：中队民警。

（2）工作要领：收工前，现场民警负责清点、检查、回收劳动工具，放入工具柜，并做好登记。

（3）工作标准：回收的数量与发放的数量必须相一致，危险工具（如刀、剪等）必须固定。

（4）注意事项：禁止戒毒人员保管、使用工具柜钥匙。

4.6.1.9 组织收工

（1）岗位角色：值班民警、中队其他执勤民警。

（2）工作要领：①关闭水、电、气设施；②组织进行人身安全和随身物品检查；③收工应根据戒毒人员数量配备 2 名以上民警,1 名民警指挥队列行进,其他民警负责队列前后整体情况的管控;④队列带到生活区指定地点,由 1 名民警负责整队,指挥戒毒人员列队报数进入生活区,其他民警随队前往生活区,做好现场管理。

(3)工作标准:着装规范,精神饱满,步伐一致,安全文明。

(4)注意事项:值班民警与中队其他执勤民警的站位要准确,防止行进过程中发生各类突发事件。

4.6.1.10 习艺劳动讲评

(1)岗位角色:中队民警。

(2)工作要领:收工时,如现场民警认为有必要,可针对当天劳动过程中的纪律、安全、质量及操作规程的执行情况进行一次简短的劳动讲评;对典型的人和事也可以公开点评。

(3)工作标准:揭摆问题要快、褒贬人物要准、整顿纪律要严。

(4)注意事项:列队式训诫教育形式要从简,时间要从短,阐述明确,语言简练,逻辑性强,富有说服力。

4.6.2 现场管理

4.6.2.1 车间大门管理

(1)岗位角色:中队民警。

(2)工作要领:中队民警在习艺劳动车间大门值班时,应严格按照以下要求操作:

①禁止戒毒人员擅自离开习艺劳动场所;

②确有特殊情况(如接见、就医等),必须由中队民警带领方可出入大门。

(3)工作标准:严格执行值班制度,不擅离职守,不随便放行。

(4)注意事项:尤其要加强对流动人员(如戒毒人员中的卫生保洁员、货车装卸员)的监督。

4.6.2.2 劳动现场管理

(1)岗位角色:中队民警。

(2)工作要领:①进入习艺车间后,由现场民警开启水、电、气设备,根据大(中)队生产计划,分配劳动任务,安排劳动岗位,检查操作是否规范,督促生产进度、质量和生产安全;②执勤民警应维护好现场秩序,检查重点戒毒人员的"定岗定位"及包夹措施落实情况,负责处理戒毒人员间的矛盾和纠纷,对发生的违规违纪行为,应及时制止,参与配合大(中)队展开调查;③执勤民警做到每小时清点一次人数,了解、掌握现场人数和分布状况,核实进出习艺车间戒毒人员的基本情况与去向,并严格落实互助管理规定。

(3)工作标准:①严格执行习艺劳动现场管理规章制度,组织戒毒人员安全、文明、有序生产,提高劳动技能和效率,及时处置各类违规违纪事件和突发事件,发挥习艺劳动的矫治功能;②戒毒人员在 100 名以下(不含本数)的,现场民警(不含门岗)人数不得少于 2 名;100名以上的,现场民警人数不得少于 3 名。

4.6.2.3 劳动现场物品管理

(1)岗位角色:中队民警。

(2)工作要领:在组织戒毒人员习艺劳动过程中,执勤民警要对现场物品实行定置管理,即对习艺劳动的设备、工具、原材料以及劳动产品等规定地点,划线固定,明确标志,有序摆放。

(3)工作标准:保持习艺劳动现场的科学有序、整洁规范。

(4)注意事项:对危险性较大的工具应给予固定,防止戒毒人员作为打架斗殴、行凶报复的器械。

4.6.2.4　劳动现场卫生管理

(1)岗位角色:中队民警。

(2)工作要领:在组织戒毒人员习艺劳动过程中,执勤民警要做好以下现场卫生管理工作:

①防止粉尘的危害;

②防止有害气体或液体的危害;

③防止噪声和强光的刺激;

④防暑降温和防寒;

⑤照明、通风和饮水;

⑥供给个人防护用品。

(3)工作标准:不承接污染环境、破坏生态平衡的项目,排放物必须达到国家标准。

(4)注意事项:习艺劳动车间要保持卫生和整洁;卫生间等公共设施要安排专人定时打扫;每周要安排一定时间做好习艺劳动岗位的清理;习艺劳动车间周围要进行绿化,并经常保养。

4.6.3　习艺劳动保障

4.6.3.1　人身安全保护

(1)岗位角色:中队民警。

(2)工作要领:中队民警在开展戒毒人员人身安全保护时,应按照以下要求操作:

①制定计划,培训教育;

②预防为主,预案在先;

③设置标志,经常维护;

④严格管理,定期检查;

⑤据实报告,组织抢救;

⑥停产停业,逐项整改。

(3)工作标准:①人身安全保护要着重防止操作不当造成人身伤亡事故,防止有毒有害气体和物体的侵害,防止发生火灾;②培养"生命第一"的理念;③树立"事故可以预防"的观点。

(4)注意事项:各单位要从自身的生产特点出发,根据习艺劳动各个环节的需要,采取必要的技术措施,制定有关的规章制度,保证生产安全。

4.6.3.2　劳动卫生保护

(1)岗位角色:中队民警。

(2)工作要领:中队民警在开展戒毒人员劳动卫生保护时,应按照以下生产卫生规定操作:

①防止粉尘的危害;

②防止有害气体或液体的危害;

③防止噪声和强光的刺激;

④防暑降温和防寒;

⑤照明、通风和饮水;

⑥供给个人防护用品。

（3）工作标准：①建立健全劳动卫生保护制度；②严格遵守国家劳动安全卫生规程和标准；③加强对戒毒人员的劳动卫生保护教育。

（4）注意事项：①不承接污染环境、破坏生态平衡的项目，排放物必须达到国家标准；②习艺劳动车间要保持卫生和整洁；卫生间等公共设施要安排专人定时打扫；③每周要安排一定时间做好习艺劳动岗位的清理；④习艺劳动车间周围要进行绿化，并经常保养。

4.6.3.3　合法权益保护

（1）岗位角色：中队民警。

（2）工作要领：中队民警在开展戒毒人员合法权益保护时，应按照劳动报酬的有关要求操作：

①准确统计戒毒人员劳动的数量和质量；

②严格制定劳动报酬的发放标准；

③发放劳动报酬。

（3）工作标准：戒毒人员习艺劳动报酬的制定标准，可以参照戒毒人员所在地职工最低工资标准，并低于此标准。

（4）注意事项：①发生戒毒人员脱逃、行凶、自杀等突发事件时，分别情况扣发该戒毒人员所在小组全体戒毒人员及"自管会"人员的当月部分岗位工资，并取消当月的效益工资；②戒毒人员在习艺劳动中发生安全或质量事故的，则根据造成的损失及所负责任的大小综合考虑，由大队确定扣罚数额。

4.6.3.4　女性戒毒人员的习艺劳动保护

（1）岗位角色：女子中队民警。

（2）工作要领：中队民警在进行女性戒毒人员合法权益保护时，应按照以下要求操作：

①贯彻男女同工同酬的原则；

②保护女性强戒人员在习艺劳动过程中的安全和健康。

（3）工作标准：①禁止女性戒毒人员从事矿山、井下、第四级体力劳动（8小时工作日平均耗能值2100大卡/人，劳动时间率77%，即净劳动时间为370分钟，相当于"很重"强度劳动）和其他禁忌女性从事的劳动；②女性戒毒人员每天习艺劳动时间不得超过6小时；一般不得进行加班、调班劳动；如果因劳动工种需要夜间劳动的，应当相应缩短劳动时间；③每年对女性戒毒人员进行妇科检查，发现有疾病的，要尽早治疗。

（4）注意事项：必须贯彻预防为主的方针，女子戒毒所在引进生产项目时，应该首先考虑到女性戒毒人员的生理特点，给予特殊的保护。

4.6.3.5　未成年戒毒人员的习艺劳动保护

（1）岗位角色：未成年戒毒人员中队民警。

（2）工作要领：中队民警在进行未成年戒毒人员合法权益保护时，应按照以下要求操作：

①禁止未成年戒毒人员从事有害健康的习艺劳动；

②半天学习、半天劳动。

（3）工作标准：某些特别危险的行业，如矿山井下作业、架设登高作业、特别繁重的体力劳动，如第四级体力劳动强度作业等，不允许未成年戒毒人员从事；注意劳动工具、机器设备、座位适合未成年戒毒人员的高度。

（4）注意事项：禁止未成年戒毒人员从事夜班劳动和加班劳动。

第 5 章　生活卫生管理

5.1　食堂、医院资质管理

（1）岗位角色

食堂管理、医务、生活卫生部门民警。

（2）工作要领

强制隔离戒毒所对生活卫生资质的管理工作，应当按照以下要求进行：

①戒毒场所食堂必须取得《卫生许可证》，从业人员必须取得上岗健康证。

②生活卫生服务部（小卖部、超市）必须有《卫生许可证》，从业人员必须有健康证。

③强制隔离戒毒场所内设医疗机构，应当持有卫生行政管理部门颁发的医疗机构执业许可证并按照医疗机构执业许可证核准登记的诊疗科目开展诊疗活动。

④医疗机构应当设有戒毒医疗科目。

⑤从事医疗卫生工作的医师（士）、护师（士）、检验师（士）及药师（士）等医务人员，必须持有医疗行政管理部门颁发的执业资格证书，并进行注册。

（3）工作标准

①做到持证上岗，保证食品质量和卫生安全，保障戒毒人员身体健康和生命安全。

②遵守医疗机构管理规定，加强医院的科学管理，建立正常工作秩序，确保戒毒人员有病及时得到有效治疗，提高医疗护理质量，防止医疗事故。

（4）注意事项

①从事戒毒医疗工作的医师应当符合下列条件之一：

A. 具有执业医师资格并经注册取得《医师执业证书》，执业范围为精神卫生专业；

B. 现阶段正在从事戒毒医疗工作，执业范围为精神卫生专业以外的医师，从事戒毒医疗工作不少于 3 年，经卫生行政部门指定的机构脱产培训并考核合格；

C. 省级卫生行政部门规定的其他条件。

②从事戒毒医疗工作的护士应当具有护士执业资格，经执业注册取得《护士执业证书》，并经过卫生行政部门指定的机构脱产培训并考核合格。

③使用麻醉药品和第一类精神药品的医师应当取得麻醉药品和第一类精神药品处方权。

5.2　生活现场管理

（1）岗位角色

大（中）队值班民警。

（2）工作要领

强制隔离戒毒所对戒毒人员的生活现场管理工作应当按照以下要求进行：

①早上进入宿舍小组清点人数,督促戒毒人员起床,有序洗漱、整理内务,按规定开展早锻炼、升国旗、唱歌、行为养成训练等活动,及时组织戒毒人员清理垃圾。

②由民警列队带领戒毒人员到食堂就餐。一名民警带队,其他民警负责整体情况的管控。

③民警负责核实进出宿舍铁门人员情况,对异动情况进行登记,严格执行清点人数制度。

④夏令季节,适时组织戒毒人员午休,落实防暑降温措施。

⑤晚上或休息日,组织戒毒人员收看电视节目、进行讲评和点名教育。

⑥民警夜间值班实行睡班制,待戒毒人员小组内基本安静后方可休息。

(3)工作标准

①生活现场管理应配备2名以上民警,明确责任分工,维护好现场秩序,同时要加强铁门等重要部位的管理,做到即时开闭。

②就餐现场一名民警管理售饭、菜窗口,其他民警管理整体秩序。

③就寝时负责查铺,检查门、窗、锁等安全设施,向夜岗戒毒人员或包夹人员布置夜间重点布控人员和需完成的其他任务,并锁好楼道铁门。

④夜间巡查,由一名以上民警负责进小组内逐一巡查,另一名民警在宿舍铁门外负责监控管理。

⑤确保民警直接管理生活事务,及时化解矛盾,制止违规违纪行为,防止事故发生;实现生活现场管理规范化、秩序化,保障戒毒人员的健康生活权益。

(4)注意事项

①生活现场对戒毒人员管理做到集体化,密切关注重点戒毒人员动向;

②认真处置违纪情况,对一日情况进行分析汇总,在民警值勤登记簿(生活区)上作出详细记录并做好交接;对不能简单处理、具有延续性或危险性的情况应落实布控措施。

5.3　伙食制作现场管理

(1)岗位角色

食堂管理、生活卫生部门民警。

(2)工作要领

强制隔离戒毒所对戒毒人员的伙食制作现场管理工作应当按照以下要求进行:

①成品(食品)存放实行"四隔离",即生与熟隔离、成品与半成品隔离、食品与杂物隔离、食品与天然水隔离;冰库物品做到摆放整洁、无异味、无腐烂变质物品。

②定期对库存物资进行质量检验和保质期检查,防止食品变质和存储时间超过保质期。发现变质、鼠咬等不符合卫生要求的,及时办理清除手续;对库存物资进行实物对账,做到账物相符。

③库房定期清洁消毒,做到安全、卫生、干燥、通风;实行分类和定置管理,并有防盗、防火、防潮、防蛀、防鼠措施。

④戒毒场所食堂负责人严格按照司法部实物量标准,根据人体所需的营养要求,合理安排膳食,科学配制饭菜,并制订每周伙食供应计划;管理民警每日检查食堂炊事戒毒人员领取伙食原料的情况。

⑤加强工具、燃气具、锅炉等的安全管理,尤其要加强刀具使用管理。刀具管理由民警负责,存入专门的保管箱,每次领用手续完备,有记录。炊具使用后洗刷干净,定位存放,定期消毒,做到无锈、无霉、无污物、无异味。

⑥坚持食品留样待检制度。留样食品各取不少于 100 克的样品分别盛放于清洗消毒后的密闭容器内,在冷藏条件下存放 48 小时以上,以备查验。

⑦戒毒场所食堂剩菜剩饭应集中处理。

(3)工作标准

①采购物资应建立验收制度。入库时,由戒毒场所食堂当班民警对物资的数量、质量及产品票证等进行验收,严禁伪劣、腐烂、过期食品和不合格物品流进强制隔离戒毒所。同时,及时安排专人登记入库物资的名称、数量、产地、保质期、进货时间等情况,做到账账相符,账物相符,账证相符。

②戒毒场所食堂厨房、库房内外环境整洁,四壁无尘埃、无蛛网,排、通风良好,配置应急照明等基本设施。

③确保戒毒人员达到司法部实物量标准。

④餐饮具符合国家有关卫生标准,使用前必须洗净、消毒,未经消毒的餐饮具不得使用。对艾滋病病毒感染的戒毒人员所用的餐具采取单独消毒保管,确保饮食安全。

(4)注意事项

①戒毒场所食堂建立伙食管理委员会,每月召开伙管会议,收集、听取戒毒人员对伙食管理的意见、建议并有记录。对伙食管理委员会提出的意见和建议,要有反馈意见,并公示处理结果。

②从事炊事劳动的戒毒人员符合国家规定的健康条件。戒毒场所按照卫生部门要求定期对食堂炊事人员进行《健康证》换证工作,不符合健康标准的立即调换。定期对食堂炊事人员开展岗位业务培训,对食堂炊事人员加强卫生教育和检查,督促其做到"四勤":勤洗手、剪指甲;勤洗澡、理发;勤洗衣服、被褥;勤换工作服。

③对患病的戒毒人员和艾滋病病毒感染的戒毒人员在伙食上给予必要的照顾,对少数民族戒毒人员的生活习惯给予照顾。

5.4　医疗卫生管理

5.4.1　所内就诊

(1)岗位角色

医务、大(中)队、生活卫生部门民警。

(2)工作要领

戒毒人员在戒毒场所内就医的管理工作应当按照以下程序进行:

①戒毒人员有身体不适的,由值班民警带领到所医疗机构就医。

②对一般性疾病,由医务民警对患病戒毒人员进行检查、诊断和用药。

③戒毒人员所服用的药物均由民警统一保管,按时发放,并在民警的监督下服用。

④对需要所内留院观察或者住院治疗的患病戒毒人员,由医务民警提出留院观察或者住院意见,经所医疗机构值班领导批准后,开具住院(留院)通知单。患病戒毒人员所在大(中)队民警与所医疗机构住院部办理住院手续。

⑤医务民警向所在大(中)队民警告知患病戒毒人员病情后,再向患病戒毒人员本人告知疾病状况。

(3)工作标准

①确保戒毒人员有病及时得到治疗和适当休息;

②做到规范服药,确保治疗效果和服药安全;

③准确掌握戒毒人员病情,采取对症措施。

(4)注意事项

①医务民警可以视病情开具"医疗病假证明单"。

②所医疗机构对患有慢性疾病、需长期用药、观察病情变化等的戒毒人员应建立"二级病房",定期对其进行会诊、提出合理的治疗方案,及时通知所在大(中)队民警。

5.4.2　所外就诊

(1)岗位角色

大(中)队、医务民警,所医疗机构、管理科负责人、主管副所长。

(2)工作要领

对戒毒人员到所外医院就医的管理工作,应当按照以下程序进行:

①对需要转院治疗的患病戒毒人员,由医务民警提出转院意见后,所在大(中)队民警填写《戒毒人员外出就医审批表》,经所医疗机构和管理科负责人审核后,报主管副所长审批。

②按照戒毒人员所外就诊的规定配备押解警力和安全措施。

③戒毒人员出所时,一律着规定的戒毒服装,并核对《戒毒人员外出就医审批表》,进行身体物品检查,登记出所时间,押解民警在进出所登记本上签字。

④戒毒人员回所时,应进行人身、物品检查,登记回所时间,并由押解民警在进出所登记本上签字。

⑤戒毒人员所外就诊应统一派车,紧急情况可以使用120救护车辆。

⑥对病情危重急需转院治疗的,医务民警立即通知患病戒毒人员所在大(中)队,并向所医疗机构值班领导汇报。所在大(中)队向所管理部门报告。所医疗机构值班领导报经主管副所长或值班所领导同意后,经护卫队民警确认、患病戒毒人员所在大(中)队民警签字后出所,直接转所外医院就医。事后补办戒毒人员所外就诊审批手续。

(3)工作标准

①对所内无治疗条件的危重病人转送社会医院诊疗救治,确保戒毒人员患病能得到及时有效治疗,保障其身体健康和生命安全。

②所外就诊警力应不得少于民警与戒毒人员2∶1的比例配备,对危险性较大的,应加派民警;所外就诊应视情况安排一名医务人员(民警)随车送诊。途中必须戴铐,确因医疗检查需要解铐的,民警须仔细检查就诊区设施和出入口,在确保安全的前提下,可予解铐。回所时应在进入管教区大门后再解铐。

③就诊期间,1名医务人员(民警)负责挂号、配药,其他民警对就诊现场要认真观察分析,并站在有利可控位置,确保就诊安全。

(4)注意事项

①戒毒人员所外就诊时,押解民警应当认真履行职责,负责对患病戒毒人员实行押解途中和诊疗期间的全程监视、警戒,不得从事与监管无关的活动,不得擅自将戒毒人员外出就

医的信息向他人透露。

②对因手术、留院观察等必须在地方医院过夜的,押解民警及时向戒毒人员所在大(中)队报告。大(中)队向所管理部门报告并经主管副所长或值班所领导同意后,及时安排民警轮流值班,每班次不少于 2 名民警。

③患病戒毒人员病情稳定后及时转送至指定医院或所医疗机构继续治疗。

④押解民警凭警官证、入院通知书、戒毒人员基本情况以及疾病治疗情况等资料办理指定医院住院手续。

⑤戒毒人员出院时,押解民警凭警官证、单位介绍信及医院开具的《出院通知书》,办理指定医院出院手续,并了解该戒毒人员在住院期间的治疗和表现等情况。

⑥患病戒毒人员所在大(中)队接到接诊医院开出《病危、病重通知书》的,应当立即通知患病戒毒人员家属,做好专门记录,并报告戒毒场所管理部门。患病戒毒人员符合所外就医或变更执行方式条件的,应当启动所外就医或变更执行方式程序。

5.4.3　卫生防疫

(1)岗位角色

所医疗机构、生活卫生部门民警。

(2)工作要领

强制隔离戒毒场所对戒毒人员的疾病预防工作应当按照以下程序进行:

①强制隔离戒毒场所医疗机构在卫生行政部门指导下开展卫生防疫工作。

②强制隔离戒毒场所医疗机构定期开展卫生知识的宣传教育和卫生防疫检查,进行性病、结核病和艾滋病等传染性疾病的防治知识教育,发现疫情立即向上级主管部门和当地卫生防疫部门报告。

③强制隔离戒毒场所生活卫生部门定期对场所内的疾病预防等工作开展检查、考核。

(3)工作标准

①坚持防疫巡诊,贯彻上级精神,宣传卫生防疫和医疗健康知识,及时掌握场所防疫工作动态,预警和处理突发性、季节性、群体性疾病和传染性疾病。

②加强场所环境整治,严格执行"日检查、周点评、月考核、季评比"的卫生检查制度,做好场所环境的消毒、灭鼠、灭蚊蝇工作,营造良好的矫治氛围。

③在易发生流感和肠炎等传染病的季节,要加强预防措施,普遍服用预防药;做好夏季防暑降温和冬季防寒保暖工作。

(4)注意事项

①确定专人负责,抓好季节性防疫,及时隔离治疗传染病病人,严防传染病流行。

②强制隔离戒毒所应当加强与卫生行政部门的协调,将所内卫生防疫纳入社会公共卫生防疫规划,提高应对突发公共卫生事件的能力。

5.4.4　健康检查管理

(1)岗位角色

医务、大(中)队、生活卫生部门民警、健康档案专管民警、所医疗机构及负责人。

(2)工作要领

对戒毒人员的健康检查管理工作,应当按照以下程序进行:

①由医务民警对所有入所戒毒人员进行健康检查(即:入所体检)。包括常规检查(X 光

透视、内科、外科、五官科等)、性病检查、HIV 初筛检测等,对育龄期的女性戒毒人员必须进行孕检。对不能检查的项目,应送至有资质的医院进行检查,并填写《戒毒人员健康检查表》。检查后,按照收治标准,提出收治建议,由所医疗机构负责人审核、签字盖章后,进入收治程序。

②对戒毒人员每半年开展一次健康检查(即期中体检)。由大(中)队、所生活卫生部门和医疗机构确定具体体检名单和时间,大(中)队民警负责将戒毒人员带到指定场所,医务民警对其进行健康检查,并做好记录。对健康检查查出疾病的人员,根据病情给予相应的治疗。

③戒毒人员在解除强制隔离戒毒前一个月内必须进行健康检查(即出所体检)。所在大(中)队民警在戒毒人员解除强制隔离戒毒前一个月内负责将其带到所医疗机构,由医务民警对其进行健康检查,并做好记录。

(3)工作标准

①做好戒毒人员收治体检工作,准确提供收治依据。

②加强健康体检材料的收集和证据固定,做到及时发现病情,有效治疗,保障戒毒人员身体健康。

(4)注意事项

①医院对所有戒毒人员必须建立健康档案,包括健康检查表、化验单和门诊病历等。

②健康档案应有专人负责保管。

5.4.5　紧急伤残处理

(1)岗位角色

大(中)队民警,医务、管理科民警、所医疗机构负责人。

(2)工作要领

强制隔离戒毒场所内发现病危戒毒人员或发生戒毒人员严重受伤事故,在及时对其进行抢救治疗的同时,应当按照以下程序进行:

①医务民警或事发单位民警立即向所医疗机构负责人报告,迅速启动应急救治预案。

②值班民警及时通过大(中)队负责人,逐级向所管理部门、主管副所长或值班所领导报告。

③强制隔离戒毒所主管职能部门负责人及时赶赴现场,指导事发单位民警对戒毒人员伤残事故、意外伤害事件或故意伤害案件进行调查取证,固定证据。

④需要对戒毒人员进行伤残鉴定的,由大(中)队向所医疗机构提出书面鉴定申请。经所医疗机构负责人批准后,由管理部门开具《医学司法鉴定委托书》,委托具有鉴定资质的单位鉴定。

(3)工作标准

①医务民警按照规范、准确、完整的要求及时记载救治过程。

②做好证据的收集固定。

③联系具有鉴定资质的单位进行医学司法鉴定,确保公开、公平、公正,保障戒毒人员的合法权益。

④依法做好病危或严重受伤戒毒人员的善后工作。

(4)注意事项

①明确告知或答复相关情况,避免家属产生疑虑或者不信任。

②告知或答复内容包括情况原因、鉴定结论、对情况处理的依据和意见、家属的相关权利和义务。

5.4.6　健康档案管理

（1）岗位角色

大（中）队民警、健康档案专管民警、所医疗机构及其负责人。

（2）工作要领

①逐人建立戒毒人员健康档案，及时将戒毒人员入、出所和定期体检结果、就诊病历和各种检查化验报告、外诊资料等归入，由所医疗机构统一保管。

②戒毒人员及其家属或者所外单位要求查阅、复印其病历的，应当经所医疗机构负责人审核、主管副所长批准后，按法律允许的范围给予查阅、复印。

（3）工作标准

①确保戒毒人员各类就医病历资料的完整无缺。

②病历等医疗文书书写规范，内容完整、翔实、准确，不得涂改。

③门诊病历保存不得少于 15 年，住院病历保存不得少于 30 年。

（4）注意事项

做到规范管理，有效应对今后必要时的查阅和涉访涉诉问题。

第6章　所政管理

6.1　考核奖惩

6.1.1　考核奖惩流程掌握

（1）岗位角色

大（中）队、管理科民警。

（2）工作要领

①强制隔离戒毒所应当依照法定条件和法定程序，定期对戒毒人员的戒毒治疗效果进行诊断评估、考核、评议和奖惩。

②日常记录应详细记载戒毒人员在所期间各项生理指标、身体康复、心理变化及行为矫治等情况，作为诊断评估的依据；每月对行为矫治进行常规考核，并与生理指标、身体康复、心理变化情况一起纳入分期评议。

③对戒毒人员生理、心理、认知、行为、家庭和社会功能等方面状况进行综合考核，诊断评估以戒治表现为基础、戒毒效果为依据，客观评价戒毒效果，坚持以人为本、客观全面、公正公平的原则，实行"日记载、月公示、分期评议、综合评估"。

④强制隔离戒毒所应对戒毒人员的现实表现进行奖惩，并按照下列程序进行：

A.大（中）队分管民警对戒毒人员的特定事实进行调查取证或审查后向大（中）队分管领导汇报，大（中）队分管领导根据事实和法定条件，决定是否提请奖惩；

B.大队分管领导决定提请给予奖惩的，由大（中）队分管民警负责收集和制作申报材料，填写《强制隔离戒毒人员奖惩审批表》，并附相关证明材料，形成案卷后提请大（中）队集体合议。

C.大队集体合议决定提请给予奖惩的，由大队分管领导在《强制隔离戒毒人员奖惩审批表》上签字确认，并由大队管教内勤制作合议表；

D.大队对奖惩相关案卷材料进行初审后，上报强制隔离戒毒所管理部门审核；

E.强制隔离戒毒所法制部门对提请的程序、事实依据、使用条款进行执法审核；

F.管理部门制作所级合议表，一并递交强制隔离戒毒人员诊断评估工作委员会合议；

G.经合议通过后，由管理部门将案卷材料报所分管领导签署意见；

H.审批通过后，兑现奖惩结果，将案卷材料存入戒毒人员副档。

（3）工作标准

①对戒毒人员的日常考核工作由各强制隔离戒毒所按照《××省司法行政系统强制隔离戒毒人员行为矫治考核办法》执行。

②强制隔离戒毒所对戒毒人员的奖励种类为：表扬、嘉奖、记功；惩罚种类为：警告、严重警告、记过。

③审批表由管理部门留存一份，并将奖惩决定在大队范围内公示3日。

（4）注意事项

①对有自由裁量范围的奖惩,应当制定合理、规范的裁量标准;

②取证或审查应有两名以上民警参加。

6.1.2　奖惩案卷材料整理

（1）岗位角色

大(中)队、管理科民警。

（2）工作要领

强制隔离戒毒所对戒毒人员奖惩的有关案卷材料应当按照以下内容和顺序整理:

①奖励案卷材料的内容和整理顺序:

A.《强制隔离戒毒人员奖惩审批表》;

B. 日常记分考核表;

C. 本人思想汇报;

D. 分管民警鉴定;

E. 人证、物证、书证等相关旁证材料;

F. 小组民主评议表;

G. 三级合议表;

H. 公示材料。

②罚案卷材料的内容和整理顺序:

A.《强制隔离戒毒人员奖惩审批表》;

B. 事情经过及检讨书;

C. 民警调查报告;

D. 分管民警鉴定;

E. 询问笔录;

F. 人证、物证、书证等相关旁证材料;

G.《单独管理审批表》;

H.《警械使用审批表》;

I. 小组民主评议表;

J. 三级合议表;

K. 公示材料。

（3）工作标准

奖惩案卷材料做到"事实清楚、证据确凿、依据正确、定性准确、奖惩适当、程序合法",确保奖惩及时、有效、规范。

（4）注意事项

戒毒人员对奖惩决定有异议的,应当按照下列要求和程序办理:

①有异议的戒毒人员可以在奖惩决定的 3 日公示期内向大队提出复查申请。

②大队收到复查申请后,及时组织调查人员进行复查,并在 5 个工作日内将复查结果报告强制隔离戒毒所管理部门,同时告知申请人。

③大队告知后,申请人对复查结果仍不服的,可以向戒毒人员诊断评估工作委员会申请复核。

④诊断评估工作委员会收到复核申请后,责成主管部门复核,主管部门应当在7个工作日内作出维持或纠正的最终决定,并告知申请人。

6.2 所外就医和变更戒毒措施

6.2.1 所外就医

(1)岗位角色

大(中)队、管理科民警。

(2)工作要领

戒毒人员所外就医的,应当按照以下程序办理:

①大(中)队根据县级以上医院出具的《医疗诊断证明书》,征求所医疗机构意见。所医疗机构经合议认为病情确实严重,基本符合所外就医条件的,出具《病情专题报告》,提出所外就医建议;

②大(中)队根据所医疗机构意见,制作《强制隔离戒毒人员所外就医审批表》,并整理相关案卷材料;

③大(中)队经合议后将《强制隔离戒毒人员所外就医审批表》和相关案卷材料一并报所管理科初审,由所法制部门对程序、依据、执行法规条款等执法事项进行审核后,报所诊断评估工作委员会审定,经所领导签署意见后,管理科将案卷材料报省局审批;

④经省局批准后,所管理科应当及时制作《强制隔离戒毒人员所外就医证明书》(一式四份),同时通知担保人将所外就医人员接回,并通知户籍所在地公安机关和强制隔离戒毒原决定机关;

⑤大(中)队及时办理戒毒人员相关出所手续,并将《强制隔离戒毒人员所外就医证明书》发给戒毒人员本人,向戒毒人员及其担保人宣布所外就医期间的注意事项;

⑥由担保人签订《所外就医担保协议书》后,将戒毒人员带走。

(3)工作标准

①戒毒人员患有严重疾病(严重疾病鉴定标准详见附录),强制隔离戒毒所医疗机构不具备治疗条件的,可以办理所外就医(法律、法规另有规定的除外);

②一次所外就医时间,原则上为1~3个月。

(4)注意事项

①办理所外就医应当出具下列证明材料:

A. 本人或亲属(监护人)提出书面申请;

B. 县级以上医院的就诊病历、检查的原始单据和诊断证明书;

C. 所内医疗机构会诊、所外就医讨论记录和意见书;

D. 亲属(监护人)担保书。

②强制隔离戒毒所应当及时了解所外就医人员疾病治疗情况,对已经痊愈的,及时收回所内执行剩余期限;未痊愈的,可以在所外就医期满后继续办理所外就医手续。

③对到期的所外就医人员,应当及时通知回所进行诊断评估。

④戒毒人员所外就医的费用自理。

⑤戒毒人员所内自伤自残的一般不得办理所外就医。

6.2.2　变更戒毒措施

（1）岗位角色

大（中）队、管理科民警。

（2）工作要领

戒毒人员变更戒毒措施（另行处理）的，应当按照以下程序办理：

①所医疗机构根据县级以上医院出具的《医疗诊断证明书》，认为病情严重，出具《病情专题报告》，大（中）队根据所医疗机构的意见提出变更戒毒措施（另行处理）建议，制作《强制隔离戒毒人员另行处理审批表》，并整理相关案卷材料。

②大（中）队经合议后将《强制隔离戒毒人员另行处理审批表》和相关案卷材料一并报所管理科初审，由所法制部门对程序、依据、执行条款等执法事项进行审核后报所诊断评估工作委员会审定，经所领导签署意见后，管理科将案卷材料报省局审批。

③经省局批准后，所管理科应当及时制作《提请强制隔离戒毒人员另行处理通知书》，并连同《医疗诊断证明书》（复印件）、《强制隔离戒毒人员另行处理审批表》等三项材料寄送至强制隔离戒毒决定机关的上一级公安机关（即市公安局）审批。

④收到公安机关《社区戒毒决定书》（应在决定书上注明强制隔离戒毒变更为社区戒毒）后，及时办理相关出所手续。

戒毒人员需先行出所的，应当按照以下程序办理：

①所医疗机构根据县级以上医院出具的《医疗诊断证明书》，认为病情危重，且不及时出所治疗可能有生命危险或者严重损害身体健康的，提出先行出所建议。

②大（中）队根据所医疗机构意见，提出先行出所报告，所管理科初审后，报所领导审核，再报省局审批。

③经省局批准后，强制隔离戒毒所及时联系其家属带回继续接受治疗；同时，由大（中）队办理出所相关手续。

④戒毒人员先行出所后，强制隔离戒毒所应及时按要求办理变更戒毒措施（另行处理）手续。

（3）工作标准

①戒毒人员身患严重疾病，经所外就医仍未痊愈或系疑难危重疾病不能治愈，存在生命危险或传染危害，不能继续执行强制隔离戒毒的，可以办理变更戒毒措施（另行处理）手续（法律、法规另有规定的除外）。

②强制隔离戒毒所发现戒毒人员病情危急的，不及时出所治疗可能有生命危险或者严重损害身体健康的，应立即书面呈报省局批准（同时由省局报省禁毒办备案），办理戒毒人员先行出所手续，并及时办理变更戒毒措施手续。

（4）注意事项

①公安机关需建立特情的，应参照办理戒毒人员变更戒毒措施（另行处理）的规定执行。

②变更戒毒措施应当出具下列证明材料：

A. 本人或亲属（监护人）提出书面申请；

B. 县级以上医院的就诊病历、检查的原始单据和诊断证明；

C. 所内医疗机构会诊、变更戒毒措施讨论记录和意见书。

③变更戒毒措施（另行处理）决定后，强制隔离戒毒所应当通知亲属将戒毒人员接回。

6.3　通信、通话管理

6.3.1　对发送信件的检查

(1)岗位角色

大(中)队民警。

(2)工作要领

①对戒毒人员发往所外的信件,由民警审查内容。

②民警在检查信件时,应有戒毒人员本人和2名以上民警同时在场。

③在戒毒人员的去信中没有妨碍戒毒治疗或涉及强戒所秘密的内容,由中队民警统一登记后寄出,否则将信件扣留,并向戒毒人员说明扣留的原因,原信件留存备查。

(3)工作标准

在确保信件内容不涉及所内秘密,无碍戒毒治疗的前提下,应依法保护戒毒人员的通信自由和通信秘密。所有发送信件需要做好信件登记。

(4)注意事项

①戒毒人员写给强制隔离戒毒所的上级机关和司法机关的信件不受检查,可以挂号寄出,挂号凭证留存备查;戒毒人员写给强制隔离戒毒所所领导、纪检部门或人民检察院的信件不受检查。

②戒毒人员写给境外亲属、监护人及其所属国驻华使领馆的信件,均由大(中)队送强制隔离戒毒所管理部门登记、检查认定无碍戒毒治疗或者没有戒毒人员不宜知晓的内容的,予以寄出;发现疑点的,予以扣留,并向戒毒人员说明扣留的原因,原信件留存备查。

③使用外国语言或者少数民族语言文字的信件,由大(中)队登记后送强制隔离戒毒所管理部门,请翻译人员对信件内容翻译后进行审查,认定无疑点的,登记后由大(中)队寄出;发现疑点的,予以扣留,并向戒毒人员说明扣留的原因,原信件留存备查;无法翻译的信件,经请示省局管理处后酌情处理。

6.3.2　对接收信件的检查

(1)岗位角色

大(中)队民警。

(2)工作要领

①对戒毒人员收到的信件,由民警审查内容。

②民警在检查信件时,应有戒毒人员本人和两名以上民警同时在场。

③民警收到寄给戒毒人员的信件后,及时审查、登记,认定未夹带毒品及其他违禁物品,内容无碍戒毒治疗或未涉及秘密的,将信件交给戒毒人员;否则将信件扣留,并向戒毒人员说明扣留的原因,原信件留存备查。

(3)工作标准

在确保信件内无毒品和其他违禁物品,内容无碍戒毒治疗的前提下,应依法保护戒毒人员的通信自由和通信秘密。

(4)注意事项

①戒毒人员收到境外亲属、监护人及其所属国驻华使领馆发来的信件,均由大(中)队送强制隔离戒毒所管理部门登记、检查认定无碍戒毒治疗或者没有戒毒人员不宜知晓的内容

的,交给戒毒人员。发现疑点的,予以扣留,并向戒毒人员说明扣留的原因,原信件留存备查。

②使用外国语言或者少数民族语言文字的信件,由大(中)队登记后送强制隔离戒毒所管理部门,请翻译人员对信件内容翻译后进行审查,认定无疑点的,登记后交给戒毒人员;发现疑点的,予以扣留,并向戒毒人员说明扣留的原因,原信件留存备查;无法翻译的信件,经请示省局管理处后酌情处理。

6.4　探访管理

6.4.1　探访办理

(1)岗位角色

探访管理人员、中队民警。

(2)工作要领

强制隔离戒毒所办理探访应当按照以下程序及要求进行:

①在强制隔离戒毒所规定的探访日办理相关的探访手续。前来探访的亲属或相关人员属于首次探访的,需持本人身份证及关系证明(如户口本、所在单位出具的介绍信及乡镇、街道、派出所出具加盖公章的证明等证明本人与被探访人关系的证件),在规定的日期来所探访,经探访管理人员核对确认,办理探访证和探访手续。以后凭探访证和身份证在规定日期办理探访手续。

②国外、境外亲属来所探访,必须持身份证明及其他证明与被探访人关系的有关证件,到强制隔离戒毒所办理探访申请,强制隔离戒毒所管理部门审核相关证件无异后,通知大(中)队填写《境外人员来所探访强制隔离戒毒人员审批表》并逐级报批,最后经省局批准后方可安排探访。

③平时如有特殊情况需要探访或帮教的,戒毒人员所在中队民警应向本大队分管管教领导汇报,经所分管管教领导或管理部门批准后,方可探访;具体探访时间由强制隔离戒毒所根据实际情况安排。

(3)工作标准

①戒毒人员的配偶、直系亲属和所在单位或就读学校的工作人员可以到强制隔离戒毒所探访戒毒人员。因特殊情况,其他人员要求探访的,须经强制隔离戒毒所批准。

②来所探访,每名戒毒人员每月原则上不准超过 2 次,每次最多不超过 3 人,每次探访时间控制在半小时以内。

(4)注意事项

①探访日期根据强制隔离戒毒所的统一规定,并以适当形式公告,由戒毒人员以电话或信函形式通知亲属或相关人员。

②有下列情形之一的,不得探访,特殊情况须经管理部门审核,报所领导批准:

A.戒毒人员正在被采取保护性约束措施或单独管理的;

B.政法机关通知暂停探访的;

C.戒毒人员正在接受审查或提请逮捕的;

D.戒毒人员因管理需要被停止探访的;

E.根据上级指示或形势需要,做出暂时停止或限制戒毒人员探访的;

F. 非探访日要求探访的。

③有下列情形之一的,管理人员可以拒绝或终止探访:

A. 前来探访的人员未携带任何证件,或携带的证件不能证明其身份及其同戒毒人员关系的;

B. 在探访时使用隐语、外国语或串通案情、订立攻守同盟,劝阻无效的;

C. 以往探访时曾有不利于戒毒人员接受戒毒治疗言行的;

D. 违反规定不听劝阻的。

6.4.2　探访等候室管理

(1)岗位角色

探访管理民警、中队民警。

(2)工作要领

探访室等候区域管理民警应当做好以下工作:

①认真核对来所探访人员身份、人数,告知探访人员按相应探访次序号码在探访等候区域等候。

②探访人员要求存入现金的,应告知其可向戒毒人员本人问取银行账号,到相关银行办理存款手续或告知交探访款的地点。

③告知探访人员日用品、食品等物品应在强制隔离戒毒所内超市或商店购买,购买的物品非当面交给戒毒人员的,应开具提(送)货三联单。

④向探访人员宣传强制隔离戒毒工作的相关制度、政策,并告知探访人员应遵守强制隔离戒毒所探访工作相关规定,如若违反,民警劝阻无效的,将取消探访。

(3)工作标准

探访人员身份、人数必须核对清楚,宣传工作必须到位。

6.4.3　探访监管

(1)岗位角色

探访室管理民警、大(中)队民警、会计人员。

(2)工作要领

探访室探访区域管理民警应当做好以下工作:

①对已办理探访手续符合探访条件的,由探访管理值班人员通知其所在大(中)队,由大(中)队民警将戒毒人员带往探访室或指定地点,有序安排探访人员进入探访室探访,指示戒毒人员按指定位置入座;大(中)队对重点控制对象戒毒人员的探访通话,经管理科批准可以进行监听与录音。

②中队民警随时清点戒毒人员人数,对探访现场进行巡查、督促,监控探访情况,维持秩序,发现异常,及时处置。

③探访室管理民警应认真、准确地回答戒毒人员亲属有关探访及强制隔离戒毒等方面的提问,做好规劝和沟通工作。

④探访室管理民警应控制单次探访时间,并做好探访情况登记和信息反馈。

⑤发现被探访的戒毒人员或探访人员在交谈中使用隐语、外国语或其他违反规定的行为,经劝止无效的,应中止探访。

⑥探访人员送给戒毒人员的日常生活用品应当在强制隔离戒毒所设置的超市或商店购

买。戒毒人员不得接受探访者的现金,探访款由探访者自行从银行系统存入戒毒人员本人"一卡通"账户,账号在入所队办理并由戒毒人员通知其家属;新入所未及时办理"一卡通"的戒毒人员,亲属可以"三联单"形式存入生活卫生科(财务科),由会计人员经办。大(中)队民警和探访管理值班人员不得经手现金。

⑦探访结束,中队民警核对人数后,需将戒毒人员及时带回中队。

(3)工作标准

①强制隔离戒毒所的探访室应当加设有机玻璃墙或双层隔离网等必要隔离设施,严防毒品和其他违禁品流入。

②探访一律在探访室或者指定地点进行,民警应加强对探访现场的管理,确保良好的秩序。

③探访期间,管理人员负责监管和监听,如监听中发现异常信息,可能危及场所管理安全的,及时向大队负责人汇报。

④戒毒人员在来回过程中必须确保安全,被探访戒毒人员的来回人数必须保持一致;如属分批带回,须做好交接手续。

6.5　探视

6.5.1　奖励型探视

(1)岗位角色

大(中)队民警。

(2)工作要领

①奖励型探视必须同时具备以下条件:

A.在强制隔离戒毒所内执行 1 年以上,表现较好;

B.与家庭关系一直较好,有配偶、直系亲属探访且帮教措施能够落实,签订担保书。

②强制隔离戒毒所批准戒毒人员外出探视应当按照以下要求和程序办理:

A.由戒毒人员本人提出书面申请;

B.经大(中)队审核同意,上报强制隔离戒毒所管理部门;

C.强制隔离戒毒所管理部门审查相关证明材料是否符合规定;

D.强制隔离戒毒所管理部门通知大(中)队填写《强制隔离戒毒人员探视审批表》,并附相关证明材料,经管理部门审核,报所分管领导审批,发放《强制隔离戒毒人员外出探视证明书》;

E.对批准探视的戒毒人员,离所前大(中)队民警必须进行一次专门的离所前教育,并告知以下内容:一是已经批准的探视时间;二是戒毒人员在外期间必须遵守的纪律。

(3)工作标准

①探视次数及时间:戒治期间内享受 1～2 次,每次不得超过 5 日(不含路途),戒毒人员外出探视费用自理。

②对探视归所的戒毒人员,应及时登记回所时间,并由所在大(中)队逐级汇报至所分管领导或值班所领导;戒毒人员归所后除严格进行安全检查外,还应当作尿检。

③对违反规定的戒毒人员,取消探视资格;情节严重的,应当依法处理;探视人员逾期不归的,强制隔离戒毒所应当立即告知当地公安机关,并勒令或采取强制措施使归所。

（4）注意事项

由于治安形势的需要和上级部门的规定,强制隔离戒毒所可以做出暂时停止或限制强制隔离戒毒人员探视的规定。

6.5.2　因事型探视

（1）岗位角色

大（中）队民警。

（2）工作要领

①因事型探视必须具备以下条件:

A.戒毒人员配偶、直系亲属病危、死亡或有其他特殊情况,确需本人回家亲自处理的;

B.有医疗单位（县级以上医院）的诊断证明或病危通知书、死亡证明,当地公安机关（派出所或上级机关）和原单位（或就读学校、街道、社区、乡镇）出具的证明材料,证明材料中应当说明探视者与被探视者的关系和探视理由;

C.探视区域限于本省范围。

②强制隔离戒毒所批准戒毒人员外出探视应当按照以下要求和程序办理:

A.由戒毒人员本人提出书面申请;

B.经大（中）队审核同意,上报强制隔离戒毒所管理部门;

C.强制隔离戒毒所管理部门审查相关证明材料是否符合规定;

D.强制隔离戒毒所管理部门通知大（中）队填写《强制隔离戒毒人员探视审批表》,并附相关证明材料,经管理部门审核,报所分管领导审批,发放《强制隔离戒毒人员外出探视证明书》;

E.对因事型外出探视的戒毒人员,强制隔离戒毒所管理部门或大（中）队应当派遣警车遣送,途中戴铐;大（中）队指派 2 名以上民警随同,因路途、交通或其他原因不能当日返回的,随同民警应及时向大队报告,大队向强制隔离戒毒所管理部门报告;当晚将戒毒人员就近寄押于当地的戒毒所、劳教所或看守所;

F.对批准探视的戒毒人员,离所前,大（中）队民警必须进行一次专门的离所前教育,并告知以下内容:一是已经批准的探视时间;二是戒毒人员在外期间必须遵守的纪律。

（3）工作标准

①一般控制在 24 小时内,安排大（中）队民警全程陪同。

②管理民警应加强对戒毒人员的管控,按要求在批准的路线和范围内活动。

（4）注意事项

由于治安形势的需要和上级部门的规定,强制隔离戒毒所可以做出暂时停止或限制强制隔离戒毒人员探视的规定。戒毒人员有下列情形之一的,不予探视:

①处于急性脱毒期的;

②正在单独管理或接受保护性约束措施的;

③经大（中）队合议,鉴定为表现差或有危险倾向的;

④其他不宜办理探视的。

6.6　保护性约束措施

6.6.1　单独管理室的使用

（1）岗位角色

警戒护卫大队、大（中）队民警。

（2）工作要领

①大（中）队民警填写《单独管理审批表》（一式两份）。

②逐级审批：大（中）队提出意见，管理部门审核，所领导批准。

③大（中）队将《单独管理审批表》随同戒毒人员一起送交单独管理室，并在《单独管理审批表》的使用时间栏里填写开始使用时间，执行人签名；同时，大（中）队民警就该戒毒人员的基本情况以及现实表现与专管民警进行交接，必要时带上其档案材料。

④解除单独管理时，由大（中）队民警在《单独管理审批表》的使用时间栏里填写解除使用时间、执行人签名；同时由单独管理室专管民警和大（中）队民警就戒毒人员在单独管理期间的表现情况进行必要的交接。

⑤《单独管理审批表》一份存于所管理部门，另一份及有关单独管理的书面材料留在大（中）队制作台账。

⑥戒毒人员在单独管理期间，专管民警和大中队民警要根据自身的职责做好相关的管理工作。

（3）工作标准

①制作书面审批材料。

②一次使用单独管理时间不得超过 5 日。

③在紧急情况下，经口头逐级汇报并经所领导同意后，可先行采取措施，并在 24 小时内补办审批手续。

④《单独管理审批表》使用时间栏里填写开始使用时间，执行人签名；解除单独管理时，使用时间栏里填写解除使用时间，执行人签名。必须要在当时填写，不可提前或事后补写；时间栏目填写要具体到"年、月、日、时、分"。

⑤专管民警办好审查手续并做好登记；对单独管理的戒毒人员进行人身和物品检查，严禁将鞋带、金属物等违禁品带入单独管理室；保持单独管理室门处于锁闭、坚固状态，在因送饭供水、提审、室外活动等需要而开启时，由 2 名以上专管民警执行；保持单独管理室清洁卫生；对患有疾病的戒毒人员应当及时联系医生就诊；严格控制被单独管理戒毒人员接触其他无关人群；做好日常的教育矫治工作。

⑥专管民警要保证戒毒人员每天活动不少于 1 小时。

⑦被单独管理戒毒人员所属大（中）队民警应当做好与专管民警的交接；同时与专管民警做好日常的教育矫治工作。

⑧大（中）队民警应当及时在戒毒人员单独管理期间办结案件。

（4）注意事项

①开始实施和结束实施后双方民警须进行交接，交流相关问题。

②专管民警须对被单独管理的戒毒人员进行人身和物品检查。

③对被单独管理戒毒人员提出的申诉、控告等材料，应及时转送，不得扣压。

④对因违法违纪而被单独管理的戒毒人员应当抓紧审查和教育疏导,对问题已经查清、现行危险已消除的,应及时解除单独管理。检察机关已经批准逮捕的,应及时通知公安机关带回。

⑤对尚处于 HIV 病毒检测期的戒毒人员、经查实负案在身须执行刑拘或逮捕的戒毒人员,如有严重威胁强制隔离戒毒所安全的情况,可以采取临时隔离措施。临时隔离措施参照单独管理要求执行。

6.6.2　束缚带的使用

(1)岗位角色

大(中)队民警、医院医生。

(2)工作要领

①使用束缚带之前填写《使用保护性约束措施审批表》(一式两份)。

②逐级审批:大(中)队或医生提出意见,医院负责人、管理部门审核,所领导批准。

③在具体实施过程中需要 3 名以上民警参与。

④停止使用束缚带时,大(中)队执行民警应在《使用保护性约束措施审批表》上签名并注明具体时间。

(3)工作标准

①在紧急情况下,经口头逐级汇报并经所领导同意后,可先行采取措施,并在 24 小时内补办审批手续。

②实施过程中 3 名以上民警参与,1 名主操作,2 名辅助。

③必须由民警具体实施,束缚带主要是限制戒毒人员的双手,固定须松紧适宜,将束缚带绑在腰间,其松紧度以能插入 1~2 手指为宜,双手约束在两边,注意每 15~30 分钟观察一次受约束部位的血液循环,包括皮肤的颜色、温度、活动及感觉等;每 2 小时定时松解一次,必要时进行局部按摩,促进血液循环。

(4)注意事项

①即使情况紧急,也不得擅自未经批准使用束缚带。

②不得将束缚带作为惩罚戒毒人员的工具,或是变相使用束缚带用于惩戒戒毒人员。

③束缚带可以组合使用或者部分使用,但脚腕束缚带不能与脚镣同时使用,手腕束缚带或者肘臂束缚带不能与手铐同时使用。

④确有行凶、自杀、自伤、自残等现实危险及精神异常必须使用束缚带的,应当以避免和防止危害结果的发生为限;现实危险性消除后,应当立即停止使用。

⑤束缚带对于患病的戒毒人员,应当慎用;对未成年戒毒人员或者老年戒毒人员原则上不得使用束缚带。

⑥严禁使用非制式束缚带。

⑦在使用束缚带期间,医生应每天进行巡诊。

6.6.3　束缚服的使用

(1)岗位角色

大(中)队民警、医院医生。

(2)工作要领

①使用束缚服之前填写《使用保护性约束措施审批表》(一式两份)。

②逐级审批：大(中)队或医生提出意见、医院负责人、管理部门审核、所领导批准。

③在具体实施过程中需要三名以上民警参与。

④必须由民警具体实施，束缚服主要是限制戒毒人员的双手以及行动自由，固定须松紧适宜，先将束缚服给戒毒人员穿好，再将束缚服两侧的带子穿过衣袖上的扣拌约束戒毒人员手肘部；另一组约束带穿过衣袖上的扣拌约束戒毒人员的手腕部，将戒毒人员双手固定在身体两侧，使戒毒人员上肢不能随意活动，同时腰部也不能随意扭动。

⑤停止使用束缚服时，大(中)队执行民警应在《使用保护性约束措施审批表》上签名并注明具体时间。

(3)工作标准

①在紧急情况下，经口头逐级汇报并经所领导同意后，可先行采取措施，并在 24 小时内补办审批手续。

②实施过程中 3 名以上民警参与，1 名主操作，2 名辅助。

③束缚服主要是限制戒毒人员的双手以及行动自由，固定须松紧适宜，注意每 45~60 分钟观察戒毒人员的生理排泄情况，包括皮肤的颜色、温度、活动及感觉等；每 2~3 小时定时松解一次。

(4)注意事项

①即使情况紧急，也不得擅自未经批准使用束缚服。

②不得将束缚服作为惩罚戒毒人员的工具，或是变相使用束缚服用于惩戒戒毒人员。

③在使用束缚服的时候不可同时使用其他约束性的警械，如手铐、脚镣、警绳等。

④确有行凶、自杀、自伤、自残等现实危险及精神异常必须使用束缚服的，应当以避免和防止危害结果的发生为限；现实危险性消除后，应当立即停止使用。

⑤束缚服对于患病的戒毒人员应当慎用；对未成年戒毒人员或者老年戒毒人员原则上不得使用束缚服。

⑥严禁使用非制式束缚服。

⑦在使用束缚服期间，医生应每天进行巡诊。

6.6.4　束缚椅的使用

(1)岗位角色

专管民警、大(中)队民警、医院医生。

(2)工作要领

①使用束缚椅之前填写《使用保护性约束措施审批表》(一式两份)。

②逐级审批：大(中)队或医生提出意见，医院负责人、管理部门审核，所领导批准。

③在具体实施过程中需要三名以上民警参与。

④使用前应检查约束椅是否完好，各个约束关节点(U 型锁)的钥匙是否匹配，脚踝约束环扣锁及椅背后方开关手柄是否运作正常；同时做好各项准备工作，即右手扳动椅背后方开关手柄，打开前方桌形面板，同时脚踝约束环扣锁也随之打开，然后按动椅背胸带基座后方开关装置，打开金属环形约束胸带。

⑤束缚椅必须由民警具体实施。束缚椅主要是限制戒毒人员的行动自由，在实施过程中民警将需要被实施保护性约束的戒毒人员呈坐姿状安置在约束椅的凳面上，被实施保护性约束戒毒人员入座后拉合金属环形约束胸带，并按下锁扣，完成胸部部分的约束，随即关

合桌形面板,将被实施保护性约束戒毒人员手腕部放入桌面上的U型锁基座上,按下U型锁环至适合其的挡位即可,注意固定时要留有一定的活动空间,但又不能使其手腕部从固定环中挣脱,将被实施保护性约束戒毒人员小腿部位紧贴在脚踝约束环固定环部处,同时扳下椅背后方开关手柄,前方桌形面板和脚踝约束环会同时锁住,注意在扳下手柄时要逐级逐步逐挡位地往下按压,绝对不允许跳挡或是一步按压到位。

⑥停止使用束缚椅时,大(中)队执行民警应在《使用保护性约束措施审批表》上签名并注明具体时间。

(3)工作标准

①在紧急情况下,经口头逐级汇报并经所领导同意后,可先行采取措施,并在24小时内补办审批手续。

②实施过程中3名以上民警参与,1名主操作,2名辅助。

③束缚椅主要是限制戒毒人员的双手、双脚以及周身的行动自由,使其处在一个正常的坐姿,固定须松紧适宜,注意每45~60分钟观察戒毒人员的生理排泄情况,包括皮肤的颜色、温度、活动及感觉等;每2~3小时定时松解一次。

(4)注意事项

①即使情况紧急,也不得擅自未经批准使用束缚椅。

②不得将束缚椅作为惩罚戒毒人员的工具,或是变相使用束缚椅用于惩戒戒毒人员。

③在使用束缚椅时,不可同时使用其他约束性的警械,如手铐、脚镣、警绳等。

④确有行凶、自杀、自伤、自残等现实危险及精神异常必须使用束缚椅的,应当以避免和防止危害结果的发生为限;现实危险性消除后,应当立即停止使用。

⑤束缚椅对于患病的戒毒人员应当慎用;对未成年戒毒人员或者老年戒毒人员原则上不得使用束缚椅。

⑥严禁使用非制式束缚椅。

⑦束缚椅在使用前要做好检查,并需做好日常的保养维护。

⑧在使用束缚椅期间,医生应每天进行巡诊。

6.6.5 束缚床的使用

(1)岗位角色

专管民警、大(中)队民警、医院医生。

(2)工作要领

①使用束缚床之前填写《使用保护性约束措施审批表》(一式两份)。

②逐级审批:大(中)队或医生提出意见,医院负责人、管理部门审核,所领导批准。

③在具体实施过程中需要3名以上民警参与。

④使用前应检查束缚床是否完好,各个约束关节点(U型锁)的钥匙是否匹配;同时做好各项准备工作。

⑤束缚床必须由民警具体实施。束缚床主要是限制戒毒人员的行动自由。在实施过程中,民警将需要被实施保护性约束的戒毒人员呈仰卧状安置在床板上,对其足踝部、手腕部、胸部位置分别用约束床上设置的约束带和金属固定U型锁进行扣系,首先要将其安置在约束床的约束带中,将约束带进行系缚,从而完成身体约束固定;将其两只手腕部,分别安置在左右两个固定U型锁环基座上,按下U型锁环,注意固定时要留有一定的活动空间,但又不

能使其手部从固定环中挣脱；将其两只足踝部分别安置在左右两个固定 U 型锁环基座上，按下 U 型锁环，注意固定时要留有一定的活动空间，但又不能使其腿脚部从固定环中挣脱。

⑥停止使用束缚床时，大（中）队执行民警应在《使用保护性约束措施审批表》上签名并注明具体时间。

（3）工作标准

①在紧急情况下，经口头逐级汇报并经所领导同意后，可先行采取措施，并在 24 小时内补办审批手续。

②实施过程中 3 名以上民警参与，1 名主操作，2 名辅助。

③束缚床主要是限制戒毒人员周身的行动自由，使其处在一个正常的躺姿，固定须松紧适宜，注意每 45～60 分钟观察戒毒人员的生理排泄情况，包括皮肤的颜色、温度、活动及感觉等；每 2～3 小时定时松解一次。

（4）注意事项

①即使情况紧急，也不得擅自未经批准使用束缚床。

②不得将束缚床作为惩罚戒毒人员的工具，或是变相使用束缚床用于惩戒戒毒人员。

③在使用束缚床时，不可同时使用其他约束性的警械，如手铐、脚镣、警绳等。

④确有行凶、自杀、自伤、自残等现实危险及精神异常必须使用束缚床的，应当以避免和防止危害结果的发生为限；现实危险性消除后，应当立即停止使用。

⑤束缚床对于患病的戒毒人员应当慎用；对未成年戒毒人员或者老年戒毒人员原则上不得使用束缚床。

⑥严禁使用非制式束缚床。

⑦束缚床在使用前要做好检查，并需做好日常的保养维护。

⑧在使用束缚床期间，医生应每天进行巡诊。

6.7　警械的使用

6.7.1　驱逐性、制服性警械的使用

（1）岗位角色

大（中）队民警。

（2）工作要领

大（中）队民警遇到以下情形可以使用驱逐性、制服性警械：

①追截脱逃戒毒人员，遇到抵抗的。

②处理戒毒人员行凶、聚众闹事、结伙斗殴、暴动骚乱事件等，警告无效的。

③受到戒毒人员暴力袭击，需要自卫的。

④强行冲越民警为履行职责设置的警戒线的。

⑤以暴力方法抗拒或者阻碍民警依法履行职责的。

⑥危害公共安全、场所秩序和公民人身安全的其他行为，需要当场制止的。

⑦在处置 HIV 戒毒人员、疑似患有精神类疾病戒毒人员违纪事件遇到抵抗，需保护自身安全的。

⑧法律、法规规定可以使用警械的其他情形。

（3）工作标准

大（中）队民警遇到工作要领规定的情形，经警告无效时可以先行使用驱逐性、制服性警械，但以有效制止为限度。事发时应电话请示所分管领导或值班所领导同意后方可使用，事后应当在 24 小时内补填《警械使用审批表》，办理报批及备案手续。对继续顽抗的可以使用手铐、脚镣、警绳等约束性器械。

（4）注意事项

驱逐性、制服性警械的使用，应当以制止违法犯罪行为为限度；当违法犯罪行为得到制止时，应当立即停止使用。

6.7.2　约束性警械的使用

（1）岗位角色

大（中）队民警。

（2）工作要领

大（中）队民警遇到以下情形时可以使用约束性警械：

①有强行脱逃、行凶、自杀、自伤或者其他危险行为的。

②有严重破坏场所设施或其他国家财产行为被单独管理的。

③在执行单独管理中表现恶劣的。

④在押解途中的。

⑤法律、法规规定可以使用警械的其他情形。

（3）工作标准

①先行使用驱逐性、制服性警械制止无效或者遇到工作要领规定的情形，经警告无效的，可以使用约束性警械，并及时填写《警械使用审批表》，逐级报大队、管理部门审核、所领导审批后使用，《警械使用审批表》由所管理部门备案。遇有紧急情况，经警告无效的，可以先电话请示所分管领导或值班所领导同意后使用，事后应当在 24 小时内补填《警械使用审批表》，办理报批及备案手续。

②停止使用约束性警械时，大（中）队执行民警应在《警械使用审批表》上签名并注明具体时间。

（4）注意事项

约束性警械的使用，不得故意造成人身伤害。

6.8　重点管理

6.8.1　重点人员的管理

（1）岗位角色

中队民警。

（2）工作要领（流程）

①实行"包教"；

②落实"包夹"；

③控制活动；

④进行心理干预；

⑤采取戒护措施；

⑥对探视、所外就医回所的戒毒人员进行尿检和安全检查。

（3）工作标准

①对重点内控人员每月开展 2 次谈话教育、所级难改造人员每月 4 次谈话教育。

②落实每名重点人员不少于 2 名戒毒人员 24 小时包夹措施。

③在民警最佳视线范围内控制其活动。

④对急性戒断症状者采取约束性保护措施或单独管理。

（4）注意事项

①要加强动态管控，及时排摸涉嫌违法犯罪、有行凶或预谋行凶行为、煽动闹事和聚众斗殴等九类重点人员。

②切实抓好所内监控力量的物色、选择、数量、质量和布局，重视"选、训、管、用"，提高所情动态分析质量，及时掌握重点戒毒人员倾向性、苗头性问题。

6.8.2　重点时段的管理

（1）岗位角色

大（中）队民警、警戒护卫大队民警。

（2）工作要领（流程）

①夜间巡查，落实好点名、查数、查铺制度。

②戒毒人员就餐前后整队，就餐时执勤民警、护卫人员按规定在现场站位，维持就餐秩序。

③加强对戒毒人员出收工检查。

④戒毒人员集体活动期间配置足够的警力进行布控。

（3）工作标准

①巡查次数不少于 3 次。

②出收工期间进行严格检查，防止戒毒人员携带违禁品和危险品进入生活区。

③集体活动期间至少保证 2 名现场管理民警，维持现场秩序；以大队为单位组织的大型集体活动，大队要安排警力警戒，全所性的大型集体活动由警戒护卫大队负责警戒。

（4）注意事项

①戒毒人员起床、就寝、就餐和凌晨等重点时段要进行重点管控，认真落实民警直接管理；

②中队直接管理现场必须配备足够的警力，管理警力不足时应立即向大队汇报，由大队指派警力进行补充，落实防控。

6.8.3　重点环节的管理

（1）岗位角色

大（中）队民警、警戒护卫大队民警。

（2）工作要领（流程）

①严格做好收容、调入、外出回所、住院戒毒人员的安全检查工作，收缴违禁品和不适宜戒毒人员存放的物品。

②严格外来人员、车辆的检查控制，防止违禁品入所，防止其与工作以外的人交往。

③严格就医途中、调遣途中、押解途中的管理要求，落实警力配置和警戒、戴铐等规定。

（3）工作标准

①戒毒人员所内就医，白天警力应不少于民警与戒毒人员 1∶5 的比例配备；夜间警力应不少于民警与戒毒人员 1∶2 的比例配备。

②戒毒人员外出就医，警力应不少于民警与戒毒人员 2∶1 的比例配备，对危险性较大

的应加派警力,戒毒人员必须按要求戴手铐,责任民警做好分工,必须有 1 名民警始终不离戒毒人员左右。

③交接班时,对当班未处理完毕、需移交下一班继续处理的问题,必须写明情况,并对下一班有明确的交代,使处理的问题有始有终。

④戒毒场所应配备安检门,戒毒人员会见、外出回所等应过安检门,防止戒毒人员携带违禁品。

（4）注意事项

①在遇外出就医、调遣等重点环节,可申请警戒护卫大队落实专人做好现场和外围的警戒工作。

②严禁民警利用戒毒人员外出就医、探视等外出机会干私事。

6.9　出所

6.9.1　常规性出所

（1）岗位角色

大(中)队民警、管教区大门值班室民警。

（2）工作要领

①大(中)队整理戒毒人员档案材料,包括戒毒人员正档、副档、戒毒人员健康档案,到所管理部门换取《出所通知单》。

②大(中)队民警按规定到所财务部门办理戒毒人员财务账目交接、大(中)队管理的物品交接、入所队配发的物资交接等工作。

③出所当日,大(中)队民警将戒毒人员带至所区大门门卫处,由大门值班室民警认真核对出所材料(《提前(按期)解除强制隔离戒毒证明书》或《逮捕证》、《刑拘证》、《调遣通知单》等),仔细核对《出所通知单》和戒毒人员胸卡上戒毒人员姓名、照片等个人信息,并在值班登记簿上按规定登记。

④大(中)队民警在大门值班室登记簿上签字后,将戒毒人员一卡通账户上的余款、强制隔离戒毒所发给的路费、《提前(按期)解除强制隔离戒毒证明书(戒毒人员留存联)》和戒毒人员个人财物移交戒毒人员签字确认后,从人行通道出所。

⑤大(中)队民警在办理戒毒人员提前(按期)出所时,如已收到《责令社区康复(戒毒)决定书》的,应告知其按《责令社区康复(戒毒)决定书》要求在 7 个工作日内到户籍所在地的社区康复机构报到。

（3）工作标准

①大(中)队民警按规定整理戒毒人员解除强制隔离戒毒档案材料时,要做到材料齐全,并及时准确地换取《出所通知单》。

②大(中)队民警在与公安机关或其他兄弟单位办理逮捕、刑拘、调遣等移交工作时,应做好双方(强制隔离戒毒所与公安机关或强制隔离戒毒所兄弟单位)问询工作,内容包括:出所戒毒人员有无吞食异物,戒毒人员有无个人财物、物品未领回等方面,并达成双方一致意见确认。

③大(中)队民警应按规定办理、交接戒毒人员现金、物品、入所队配发的物资,戒毒人员查收无误后应在《戒毒人员物品代管登记单》的反面写上"原封口未开启,本人确认原物品已领回",并签上姓名和日期,经办民警做好记录,做到账目清楚、财物相符。

④出所当日,大门值班室民警要认真核对戒毒人员出所缘由材料,仔细核对《出所通知单》和戒毒人员胸卡上戒毒人员姓名、照片等个人信息,做到出所人员与所提供的材料信息准确无误。

（4）注意事项

若戒毒人员因患有传染性疾病出所的，应当事先通知当地疾病预防控制部门。

6.9.2　临时性出所

（1）岗位角色

大（中）队民警、管教区大门值班室民警。

（2）工作要领

①戒毒人员因所外就医、外出探视等原因临时出所，且不需由民警带领的，出所前由大（中）队民警提前通知戒毒人员家属具体出所时间，出所当日应当由其家属来所带回。

②因其他原因临时出所，且需大（中）队民警带领的，强制隔离戒毒所应根据出所原因及人数，参照外出就医比例配备警力，现场管理根据相关规定配备警用装备，使用警械，押解途中戴铐。

③大（中）队民警将戒毒人员带至所区大门门卫处，由大门值班室民警认真核对出所缘由材料（《戒毒人员所外就医证明书》或《戒毒人员外出就医审批表》，《戒毒人员外出探视证明书》或《戒毒人员外出现身说法审批表》等），仔细核对《出所通知单》和戒毒人员胸卡上戒毒人员姓名、照片等个人信息，并在值班登记簿上按规定登记。

（3）工作标准

①出所当日，大门值班室民警要认真核对戒毒人员出所缘由材料，仔细核对《出所通知单》和戒毒人员胸卡上戒毒人员姓名、照片等个人信息，做到出所人员与所提供的材料信息核对准确无误。

②大（中）队民警要严格管理，将戒毒人员控制在可控范围，确保不发生意外事件。

（4）注意事项

①戒毒人员因现身说法等原因临时性出所，并由民警带领的，大（中）队同往民警应在规定时间内将戒毒人员带回，及时向所管理部门报告注销。

②戒毒人员因外出探视等原因临时性出所，并不需民警带领的，戒毒人员回所后，大（中）队民警应及时向所管理部门报告注销。

6.9.3　特殊原因出所

（1）岗位角色

大（中）队民警、大门值班室民警。

（2）工作要领

戒毒人员因个体身心等特殊原因出所的，强制隔离戒毒所应当事先通知家属或当地公安机关来所接回；若家属确实有困难的，必要时，强制隔离戒毒所可派人将其送回。

（3）工作标准

①大（中）队民警按规定整理戒毒人员档案材料时，要做到材料齐全，并及时准确地换取《出所通知单》。

②大（中）队民警应按规定办理、交接戒毒人员现金、物品、入所队配发的物资，在戒毒人员验收无误后应在《戒毒人员物品代管登记单》的反面写上"原封口未开启，本人确认原物品。已领回"，并签上姓名和日期，经办民警做好记录，做到账目清楚、财物相符。

③出所当日，大门值班室民警要认真核对戒毒人员出所缘由材料，仔细核对《出所通知单》和戒毒人员胸卡上戒毒人员姓名、照片等个人信息，做到出所人员与所提供的材料信息核对准确无误。

第7章　诊断评估

7.1　三期管理评估

7.1.1　生理脱毒期评议

（1）岗位角色

医院民警、入所队民警、诊断评估民警。

（2）工作要领

①在生理脱毒期间完成人身、生理、心理、毒瘾等基本信息的采集，形成该戒毒人员当前毒瘾程度的基本数据。

②从生理脱毒情况和行为矫治考核两方面对戒毒人员进行戒毒效果评议，并按要求填写《生理脱毒期戒毒效果评议表》中评议内容栏目。

③通过对戒毒人员生理、心理、毒瘾等内容的分析评议，最终获得戒毒人员生理脱毒期的戒毒成效情况，完成《生理脱毒期戒毒效果评议表》的填写。

④经过生理脱毒期的评议，其生理脱毒情况为"未脱毒"或在此期间尿检呈阳性的，重新进入生理脱毒期继续执行脱毒治疗工作。

（3）工作标准

①对戒毒人员按分期的模式管理，每完成一期给予评议一次，生理脱毒期以3个月为一周期。

②在生理脱毒期内，应对戒毒人员实施生理脱毒，主要采取急性生理脱毒治疗、稽延性戒断症状治疗、躯体疾病诊治和行为矫治等戒毒工作。

③基本信息采集过程中需要完成：A. 人身数据：完成《戒毒人员基本情况登记表》等表格的填写；B. 生理数据：开展戒毒人员的体检工作，完成《戒毒人员（入所）体检表》的填写；进行人体成分分析测试，完成入所基本体能数据的采集；C. 心理数据：采用 EPQ 艾森克人格问卷、SCL-90 症状自评量表等，形成戒毒人员的人格、心理症状等基本数据；D. 毒瘾戒断情况检测：进行尿检，确定目前是否存在吸毒情况；进行生物反馈测试，并辅以《海洛因渴求问卷》进行调查，从而形成该戒毒人员当前毒瘾程度的基本数据。

④对处于生理脱毒期的戒毒人员，从生理脱毒指标和行为矫治考核两方面对其进行戒毒效果评议。生理脱毒指标分为"脱毒"和"未脱毒"两种。生理脱毒指标为"脱毒"，必须同时符合五项指标：一是停止使用控制或缓解戒断症状药物；二是急性戒断症状完全消除，或仅残留少量轻度戒断症状；三是尿检阴性（尿吗啡检测或其他类毒品的检测），同时排除体内存有其他替代药物；四是未出现明显稽延性戒断症状；五是吸食新型毒品人员未出现精神幻想等症状。不符合上述五项标准之一的均被认定为"未脱毒"。

⑤对戒毒人员生理脱毒期戒毒效果评议结果分为"A"和"B"两种情形：评议结果为"A"的是指同时满足生理脱毒指标为"脱毒"和期内行为矫治考核无一次性扣10分或累计扣20

分以上,且累计分达到 70 分以上的;否则,评议结果均为"B"。

(4)注意事项

①数据收集一定要准确。

②生理脱毒指标为"脱毒",必须同时符合五项指标,缺一不可。

③在此期间尿检呈阳性的,重新进入生理脱毒期执行脱毒治疗工作。

7.1.2 身体康复期评议

(1)岗位角色

医院民警、诊断评估民警。

(2)工作要领

①在完成生理脱毒后,进入身体康复期。在身体康复期内完成各项体能康复训练以及体质变化情况的数据采集。

②在身体康复期内,应组织戒毒人员进行体能恢复训练(按年龄、性别及身体状况分不同层次进行),接受各类教育,参加适度的康复技能培训以及相应的康复劳动,实施体能基本恢复。

③在身体康复期满六个月后,从体质改善情况和行为矫治考核两方面对戒毒人员进行戒毒效果评议,并按要求填写《身体康复期戒毒效果评议表》中评议内容栏目。

④体质改善由两方面内容指标组成:A. 生理指标:一般项目的变化、疾病的康复情况、稽延性戒断症状的改善情况等;B. 体能指标(7 选 3):力量训练(俯卧撑或仰卧起坐)、协调性训练(单腿深蹲起立、闭眼单脚站立、踢毽子、跳绳、50 米折返跑等)和耐力训练(慢跑)等是否渐趋提高。

⑤通过对上述内容的分析评议,最终得出戒毒人员身体康复期的戒毒成效情况,完成《身体康复期戒毒效果评议表》的填写。

(3)工作标准

①对戒毒人员按分期的模式管理,每完成一期后评议一次,身体康复期以 6 个月为一周期。

②基本信息采集过程需要完成:A. 生理数据:完成人体成分分析测试;B. 毒瘾程度检测:进行尿检,确定目前是否存在吸毒情况;进行生物反馈测试,并辅以《海洛因渴求问卷调查》,形成当前毒瘾程度的基本数据。

③对戒毒人员身体康复期戒毒效果评议结果分为"A"和"B"两类。同时满足体质改善效果为"改善"和本期内行为矫治考核无一次性扣 10 分或累计扣 30 分以上,且累计分达到 330 分以上的,评议结果为"A";否则,评议结果均为"B"。

④对戒毒人员体质改善情况的认定,应当是在对多次体能测试的成绩进行综合分析的基础上做出的,分为"改善"和"未改善"两种。

⑤条件许可的单位可以采取"人体成分分析仪"等医疗设备进行体质改善情况的检测,从而形成戒毒人员的体能指标。

⑥身体有残疾的戒毒人员,由所医疗部门提供相关证明,对相关项目的考核进行适当的调整。

(4)注意事项

①数据收集一定要准确。

②对戒毒人员体质改善情况的认定,应当是在对多次体能测试的成绩进行综合分析的基础上做出的,不能仅仅只看一次或是二次的检查情况。

③身体康复期指标为"改善",必须同时符合生理指标的改善情况和体能的渐趋提高。

④身体康复期内指标未通过的,重新进入身体康复期继续实施身体康复工作。

⑤在此期间尿检呈阳性的,重新进入生理脱毒期执行脱毒治疗工作。

7.1.3　戒毒巩固期评议

(1)岗位角色

医院民警、诊断评估民警。

(2)工作要领

①完成身体康复期后,进入戒毒巩固期,在巩固期内对其加强心理脱瘾训练。对处于戒毒巩固期的戒毒人员需从心理脱瘾情况和行为矫治考核两方面进行戒毒效果评议。

②在戒毒巩固期内,应组织戒毒人员进行拒毒能力训练、心理矫治、毒品认知程度教育和体能康复训练,开展戒毒巩固工作,实现心理基本脱瘾。

③在巩固期内强化对毒品危害性、吸毒违法性的认知程度和对自身回归社会后的心理调适,着重强化心理脱瘾训练以及相关数据的采集。

④在戒毒巩固期满3个月后,从心理脱瘾情况和行为矫治考核两方面对戒毒人员进行效果评议,并按要求填写《戒毒巩固期戒毒效果评议表》中评议内容栏目。

⑤戒毒人员心理脱瘾情况测试项目有:拒毒能力测试、人格特征测试以及毒品认知程度测试。对戒毒人员心理脱瘾情况的界定是在对其多次测试的结果进行综合分析的基础上做出的,分为"通过"和"未通过"两种。

⑥通过对上述内容的分析评议,最终得出戒毒人员戒毒巩固期的戒毒效果情况,完成《戒毒巩固期戒毒效果评议表》的填写。

(3)工作标准

①对戒毒人员按分期的模式管理,每完成一期后评议一次,戒毒巩固期以3个月为一周期。

②戒毒巩固期内主要加强心理脱瘾训练,接受心理辅导和心理矫治、进行拒毒能力训练、心理矫治、毒品认知程度教育和体能康复训练,开展戒毒巩固工作,实现心理基本脱瘾。

③基本信息采集过程需要完成:A.拒毒能力测试;B.人格特征测试;C.毒品认知程度测试。根据其各次认知测试成绩、平时表现和书面材料,做出评议。

④对戒毒人员戒毒巩固期戒毒效果评议结果分为"A"和"B"两类。同时满足心理脱瘾情况界定结果为"通过"以及本期内行为矫治考核无一次性扣20分或累计扣30分以上,且累计分达到160分以上的,评议结果为"A";否则,评议结果均为"B"。

⑤对戒毒人员心理脱瘾情况的界定是在对其多次测试的结果进行综合分析的基础上做出的,分为"通过"和"未通过"两种。

⑥条件许可的单位可以采取"生物反馈仪"等医疗设备进行体质改善情况的检测,从而形成戒毒人员的心理脱毒的相关指标数据。

(4)注意事项

①数据收集一定要准确。

②对戒毒人员心理脱瘾情况的界定是在对其多次测试的结果进行综合分析的基础上做

出的,不能仅仅靠一次或两次的检测结果来评定。

③戒毒巩固期指标为"通过",必须有心理脱毒的相关数值报告且报告中的各项指标渐趋提高。

④戒毒巩固期内指标未通过的,重新进入戒毒巩固期继续实施戒毒巩固工作。

⑤在此期间尿检呈阳性的,重新进入生理脱毒期执行脱毒治疗工作。

7.2　年段评估

7.2.1　满 1 年诊断评估

(1)岗位角色

医院民警、诊断评估民警、所诊断评估工作委员会民警。

(2)工作要领

①执行强制隔离戒毒满 1 年,完成三期戒毒流程。

②戒毒人员本人提出申请。

③所诊断评估工作委员会应当给予诊断评估。

④不符合执行满 1 年提前解除条件的,应继续执行以 3 个月为周期的戒毒巩固期,期内主要评议心理脱瘾、体质改善以及日常行为矫治考核,对其进行心理脱瘾情况测试及体能检测数据的采集,并将相关数据与前一戒毒巩固期的数据进行比对分析,具体操作方法和内容与 1 年期内"戒毒巩固期戒毒效果评议"相同。

(3)工作标准

①执行强制隔离戒毒满 1 年后的第 1 个月必须给予诊断评估。

②以下戒毒人员可提请提前解除强制隔离戒毒:

A.吸食、注射阿片类毒品成瘾,属首次接受强制性戒毒措施,由本人提出申请,经市级公安机关批准参加社区药物维持治疗的;

B.吸食、注射合成毒品成瘾,属首次接受强制性戒毒措施,并符合可提请提前解除强制隔离戒毒的考核要求之一的。

③必须完成三期戒毒流程,且各期均已通过。

④可提请提前解除强制隔离戒毒的考核要求:三期戒毒效果评议结果均为"A"的;或是两期戒毒效果评议结果为"A",行为矫治考核无受惩罚记录,且符合附加项条件之一的(A.具有立功表现;B.自愿接受强制隔离戒毒;C.具有国家认可的中级以上技术等级证书或相应技术职称)。

(4)注意事项

各项考核须有相应的报告或考核数据给予证实。

7.2.2　满 1 年 3 个月诊断评估

(1)岗位角色

医院民警、诊断评估民警、所诊断评估工作委员会民警。

(2)工作要领

①执行强制隔离戒毒满 1 年 3 个月,完成三期戒毒流程。

②戒毒人员本人提出申请。

③所诊断评估工作委员会根据其在所内的实际情况,可以给予诊断评估。

④不符合执行满 1 年 3 个月提前解除条件的,应继续执行以 3 个月为周期的戒毒巩固期,期内主要评议心理脱瘾、体质改善以及日常行为矫治考核,对其进行心理脱瘾情况测试及体能检测数据的采集,并将相关数据与前一戒毒巩固期的数据进行比对分析,具体操作方法和内容与 1 年期内"戒毒巩固期戒毒效果评议"相同。

(3)工作标准

①执行强制隔离戒毒满 1 年 3 个月后的第 1 个月,由戒毒人员本人申请,所诊断评估工作委员会根据其在所的实际毒瘾的戒除情况,决定是否给予其诊断评估。

②以下戒毒人员可提请提前解除强制隔离戒毒:

A. 吸食、注射阿片类毒品成瘾,属接受 2 次以内强制性戒毒措施,由本人提出申请,经市级公安机关批准参加社区药物维持治疗的;

B. 吸食、注射合成毒品成瘾,属接受 2 次以内强制性戒毒措施,且符合可提请提前解除强制隔离戒毒的考核要求之一的。

③必须完成三期戒毒流程,且各期均已通过。

④可提请提前解除强制隔离戒毒的考核要求:各期以上戒毒效果评议结果为"A",行为矫治考核累计分达到 720 分以上;或是两期以上戒毒效果评议结果为"A",行为矫治考核无受惩罚记录,累计分达到 680 分以上,且符合附加项条件之一的(A. 具有立功表现;B. 自愿接受强制隔离戒毒;C. 具有国家认可的中级以上技术等级证书或相应技术职称)。

⑤不符合执行满 1 年 3 个月提前解除条件的,应继续执行以 3 个月为周期的戒毒巩固期。

(4)注意事项

①戒毒人员满 1 年 3 个月戒毒期限,且本人提出要求给予其诊断评估的,所诊断评估委员会并非必须给予其诊断评估;所诊断评估工作委员会可根据本人申请情况以及其在所实际的毒瘾戒除情况决定是否给予其诊断评估。

②各项考核须有相应的报告或考核数据给予证实。

7.2.3 满 1 年 6 个月诊断评估

(1)岗位角色

医院民警、诊断评估民警、所诊断评估工作委员会民警。

(2)工作要领

①执行强制隔离戒毒满 1 年 6 个月,完成三期戒毒流程。

②戒毒人员本人提出申请。

③所诊断评估工作委员会根据其在所内的实际情况,可以给予诊断评估。

④不符合执行满 1 年 6 个月提前解除条件的,应继续执行以 3 个月为周期的戒毒巩固期,期内主要评议心理脱瘾、体质改善以及日常行为矫治考核,对其进行心理脱瘾情况测试及体能检测数据的采集,并将相关数据与前一戒毒巩固期的数据进行比对分析,具体操作方法和内容与 1 年期内"戒毒巩固期戒毒效果评议"相同。

(3)工作标准

①执行强制隔离戒毒满 1 年 6 个月后的第 1 个月,由戒毒人员本人提示申请,所诊断评估工作委员会根据其在所的实际毒瘾的戒除情况,决定是否给予其诊断评估。

②以下戒毒人员可提请提前解除强制隔离戒毒:

A. 吸食、注射阿片类毒品成瘾,属接受 2 次以内强制性戒毒措施;或吸食、注射阿片类毒品成瘾,属接受 3 次以内强制性戒毒措施,由本人提出申请,经市级公安机关批准参加社区药物维持治疗或本人自愿参加指定地点戒毒康复治疗;

B. 吸食、注射合成毒品成瘾,属接受 3 次以内强制性戒毒措施,且符合可提请提前解除强制隔离戒毒的考核要求之一的。

③必须完成三期戒毒流程,且各期均已通过。

④可提请提前解除强制隔离戒毒的考核要求:三期以上戒毒效果评议结果为"A",且行为矫治考核累计分达到 850 分以上的;或是两期以上戒毒效果评议结果为"A",行为矫治考核累计分达到 810 分以上,且符合附加项条件之一的(A. 具有立功表现;B. 自愿接受强制隔离戒毒;C. 具有国家认可的中级以上技术等级证书或相应技术职称)。

(4)注意事项

①满 1 年 6 个月诊断评估的并非必须给予其诊断评估,在提出要求给予其诊断评估的,所诊断评估工作委员会并非必须给予其评估,所诊断评估工作委员会将根据本人申请情况以及其在所实际的毒瘾戒除情况决定是否给予其诊断评估。

②各项考核须有相应的报告或考核数据给予证实。

7.2.4　满 1 年 9 个月诊断评估

(1)岗位角色

医院民警、诊断评估民警、所诊断评估工作委员会民警。

(2)工作要领

①执行强制隔离戒毒满 1 年 9 个月,完成三期戒毒流程。

②戒毒人员本人提出申请。

③所诊断评估工作委员会根据其在所内的实际情况,可以给予其诊断评估。

④对不符合执行满 1 年 9 个月提前解除条件的,仍应继续组织戒毒人员进行心理脱瘾训练、体能康复训练以及日常行为矫治考核;戒毒人员可按月提出诊断评估申请,评估内容主要为执行强制隔离戒毒期间的行为矫治考核情况。

(3)工作标准

①执行强制隔离戒毒满 1 年 9 个月后的第 1 个月,由戒毒人员本人申请,所诊断评估工作委员会根据其在所的实际毒瘾的戒除情况,决定是否给予其诊断评估。

②必须完成三期戒毒流程,且各期均已通过。

③可提请提前解除强制隔离戒毒的考核要求:行为矫治考核无受惩罚记录,累计扣分低于 80 分,累计分达到 900 分以上的;或是行为矫治考核无受惩罚记录,累计扣分低于 80 分,累计分达到 850 分以上,且符合附加项条件之一的(A. 具有立功表现;B. 自愿接受强制隔离戒毒;C. 具有国家认可的中级以上技术等级证书或相应技术职称)。

(4)注意事项

①满 1 年 9 个月诊断评估的并非必须给予其诊断评估,在提出要求给予其诊断评估的,所诊断评估工作委员会并非必须给予其诊断评估;所诊断评估工作委员会将根据其本人申请情况以及其在所实际的毒瘾戒除情况决定是否给予其诊断评估。

②各项考核须有相应的报告或考核数据给予证实。

7.2.5　2 年期满前的诊断评估

（1）岗位角色

大（中）队民警、诊断评估民警、所诊断评估工作委员会民警。

（2）工作要领

①执行强制隔离戒毒满 2 年前，完成三期戒毒流程。

②戒毒人员本人提出申请。

③所诊断评估工作委员会应给予其诊断评估。

④达到戒毒康复效果的，应当按期解除强制隔离戒毒。

⑤对戒毒人员戒毒巩固期戒毒效果评议结果分为"A"和"B"两类：心理脱瘾情况界定结果为"通过"且本期内行为矫治考核无一次性扣 10 分或累计扣 20 分以上，且累计分达到 170 分以上的，评议结果为"A"；否则，评议结果均为"B"。

⑥经诊断评估，未达到戒毒康复效果的，应当提请延长强制隔离戒毒期限；提请延长强制隔离戒毒的期限，应当根据诊断评估结果，分别为 3 个月、6 个月、9 个月或者 1 年，也可以延长 1 年。

⑦对延长戒毒期限的戒毒人员，期满前应再次开展诊断评估。

（3）工作标准

①执行强制隔离戒毒满 2 年前，由戒毒人员本人申请，所诊断评估工作委员会应当给予其诊断评估。

②必须完成三期戒毒流程，且各期均已通过。

③达到戒毒康复效果的，应当按期解除强制隔离戒毒。

④未达到戒毒康复效果的，应当提请延长强制隔离戒毒期限。

⑤各期行为矫治考核累计扣分 300 分以上的，可提请延长强制隔离戒毒期限 3 个月；各期行为矫治考核累计扣分 450 分以上的，可提请延长强制隔离戒毒期限 6 个月；各期行为矫治考核累计扣分 600 分以上的，可提请延长强制隔离戒毒期限 9 个月；延长强制隔离戒毒期限累计不得超过 1 年；构成犯罪的，移交司法机关处理。除此之外的，均应给予按期解除强制隔离戒毒。

⑥强制隔离戒毒期间（含外出探视期间）有吸食毒品等行为，或强制隔离戒毒期间有擅自离所或者请假外出探视未按期回归被追回的，应提请延长强制隔离戒毒期限 9 个月；情节特别严重的，可提请延长强制隔离戒毒期限 1 年；构成犯罪的，移交司法机关处理。

⑦执行强制隔离戒毒延长期限期间，因严重违规违纪受到警告以上惩罚的，视为未达到戒毒康复效果，可再次提请延长强制隔离戒毒期限。

（4）注意事项

各项考核须有相应的报告或考核数据给予证实。

7.3　延长强制隔离戒毒期限

（1）岗位角色

大（中）队民警、管理科民警、诊断评估民警、所诊断评估工作委员会民警。

（2）工作要领

①戒毒人员在强制隔离戒毒所内未达到戒毒康复效果或有严重违规违纪行为的，在 2

年期满前的 1 个月,经诊断评估,符合延长强制隔离戒毒期限情形的,大(中)队应填写《延长强制隔离戒毒期限审批表》。经大(中)队合议后将《延长强制隔离戒毒期限审批表》和相关案卷材料一并报所管理部门、法制部门初审后,再报所诊断评估工作委员会审定。经所诊断评估工作委员会合议后,送所分管领导签署意见并报省局审核(地市所还需报市级主管部门审核)。

②所管理部门将拟延长强制隔离戒毒期限的戒毒人员《诊断评估汇总表》、《延长强制隔离戒毒期限审批表》、《提请延长强制隔离戒毒期限意见书》以挂号邮寄形式寄往强制隔离戒毒原决定机关。

③所管理部门收到公安机关的相关法律文书(《延长强制隔离戒毒期限决定书》一式五份,或者不同意强制隔离戒毒所呈报意见的书面答复)后分类按程序办理。同意延长强制隔离戒毒期限的,将被延长的期限与剩余期限合并执行;不同意延长强制隔离戒毒期限的,继续执行原剩余期限,期满按期解除。

④戒毒人员在执行被延长的强制隔离戒毒期限内,再次发生重大违规违纪行为,经诊断评估,符合延长强制隔离戒毒期限的,应再次提请延长强制隔离戒毒期限。

(3)工作标准

①具有下列情形之一的,应当提请延长强制隔离戒毒期限:A.经诊断评估,未达到戒毒康复效果的;B.强制隔离戒毒期间(含外出探视期间)有吸食毒品等违法行为的;C.强制隔离戒毒期间逃跑或者请假外出探视未按期归所被追回的;D.其他违反规章制度,造成较严重后果的。

②填报各类报表要准确。

③执行强制隔离戒毒总期限最长不超过 3 年。

第8章　解除强制隔离戒毒

8.1　解除强制隔离戒毒手续办理

(1)岗位角色

大(中)队民警、诊断评估民警、所诊断评估工作委员会民警。

(2)工作要领

①完成三期流程,经过诊断评估,符合提前解除强制隔离戒毒条件的戒毒人员,应当及时提请提前解除强制隔离戒毒;符合按期解除强制隔离戒毒条件的戒毒人员,应当及时办理按期解除强制隔离戒毒手续。

②大(中)队根据诊断评估结果填写《提前解除强制隔离戒毒审批表》,将《提前解除强制隔离戒毒审批表》和相关案卷材料一并报所诊断评估工作办公室初审后报所诊断评估工作委员会审定。所诊断评估工作委员会合议后,送所分管领导签署意见;提前1年解除强制隔离戒毒的,需报省局审批。

③所管理科将拟提前解除强制隔离戒毒人员的《诊断评估汇总表》、《提前解除强制隔离戒毒审批表》、《提请提前解除强制隔离戒毒意见书》以挂号邮寄形式寄往强制隔离戒毒原决定机关。

④所管理科将拟提前解除强制隔离戒毒人员的相关信息录入《吸毒人员社会化管理信息系统》。

⑤所管理科收到公安机关的相关法律文书(《提前解除强制隔离戒毒决定书》一式五份,或者不同意强制隔离戒毒所呈报意见的书面答复)后分类按程序办理。公安机关同意提前解除的,强制隔离戒毒所在3个工作日内,向戒毒人员宣布并送达相关法律文书,同时按出所流程办理解除强制隔离戒毒手续;公安机关不予批准的,强制隔离戒毒所在收到公安机关的书面答复后,应及时向戒毒人员宣布并将相关材料存入戒毒人员副档,继续执行强制隔离戒毒;公安机关委托送达《责令社区康复(戒毒)决定书》的,由大(中)队民警代为送达,如解除当天未收到《责令社区康复(戒毒)决定书》的,退回公安机关,由公安机关送达本人。

(3)工作标准

①完成三期流程,经过诊断评估。

②填报各类报表要准确。

8.2　解除强制隔离戒毒工作程序

(1)岗位角色

大(中)队民警、大门值班室民警。

(2)工作要领

①大(中)队整理戒毒人员档案材料,包括戒毒人员正档、副档,戒毒人员健康档案,并到

所管理部门换取《出所通知单》并领取《路费单》。

②大(中)队按规定到所财务部门办理戒毒人员财务账目交接;戒毒人员入所收治时由大(中)队保管的物品由中队民警与戒毒人员当面进行交接;入所大(中)队配发的物资也由戒毒人员与民警当面进行交接。

③出所当日,大(中)队民警将戒毒人员带至所区大门门卫处,由大门值班室民警认真核对出所缘由材料(《提前(按期)解除强制隔离戒毒证明书》),仔细核对《出所通知单》和戒毒人员胸卡上戒毒人员姓名、照片等个人信息,并在值班登记簿上按规定登记。

④大(中)队民警在大门值班室登记簿上签字后,将戒毒人员一卡通账户上的余款、强制隔离戒毒所发给的路费、《提前(按期)解除强制隔离戒毒证明书(戒毒人员留存联)》和戒毒人员个人财物移交戒毒人员签字确认后,从人行通道出所。

⑤大(中)队民警在办理戒毒人员提前(按期)出所时,如已收到《责令社区康复(戒毒)决定书》的,应告知其按《责令社区康复(戒毒)决定书》要求在 7 个工作日内到户籍所在地的社区康复机构报到。

(3)工作标准

①大(中)队民警按规定整理戒毒人员解除强制隔离戒毒档案材料时,要做到材料齐全,并及时、准确地换取《出所通知单》。

②大(中)队民警按规定办理、交接戒毒人员现金、物品,戒毒人员查收无误后应在《戒毒人员物品代管登记单》的反面写上"原封口未开启,本人确认原物品。已领回",并签上姓名和日期;经办民警做好记录,做到账目清楚、财物相符。

③对入所大(中)队配发的物资,应根据戒毒人员物资配发单上列举的内容和项目进行移交。

④出所当日,大门值班室民警要认真核对戒毒人员出所缘由材料,仔细核对《出所通知单》和戒毒人员胸卡上戒毒人员姓名、照片等个人信息,做到出所人员与所提供的材料信息准确无误。

(4)注意事项

①办理解除强制隔离戒毒人员出所事项的民警一定要认真、细致地审核好相关材料中的信息,如解除强制隔离戒毒人员的姓名、解除强制隔离戒毒的具体日期等,须做到出所人员与所提供的材料信息准确无误。

②戒毒人员收治入所时由所代管的物品以及移交配发的物资须由民警和戒毒人员当面进行交接,并做好记录,要做到账目清楚、账物相符。

第9章 特殊事件的处置

9.1 戒毒人员脱逃事件的处置

(1)岗位角色

所区民警。

(2)工作要领(流程)

①及时发现,迅速报警,快速出警,控制事态。

②迅速反应,紧急布防,查明查获脱逃戒毒人员和密谋脱逃戒毒人员的人数、姓名、脱逃方案方式、脱逃团伙人员体貌特征和去向,采取必要应急措施。

③加强警力,控制和稳定其余戒毒人员,以防事态扩大或出现新的不测。

④对在抓捕过程中拒捕、有暴力危险且不听警告的,可采取强力阻止措施。

⑤认真制作《戒毒人员脱逃报告表》和《脱逃戒毒人员捕回报告表》等法律文书,并及时上报。

(3)工作标准

①确定脱逃行为已被及时发现、有效阻止,事态已被控制。

②确定脱逃人员已被查获,并已及时采取强制措施。

③如果有伤亡的,确定受伤者已及时得到救治。

④确定脱逃事件发生的主要原因已经查明,并采取相应防范措施。

⑤确定无潜在的诱发因素或重新激化矛盾的不稳定因素。

⑥确保其他戒毒人员思想稳定。

(4)注意事项

①要注意做到早发现、早报告、早行动,力争将脱逃事件消灭于萌芽状态。

②要注意加强对其他戒毒人员的思想稳定教育工作。

③加强安全警戒工作,以防事态扩大。

④要及时进行搜查、现场调查、勘查等,提取有关证据,严防串供或转移、隐匿、毁灭罪证。

⑤注意总结经验教训,及时采取有效整改和防范措施,并对检举揭发、提供线索或包庇隐瞒的戒毒人员做出奖罚。

⑥要注意做好脱逃事件处理记录并报告上级。

9.2 戒毒人员自杀事件的处置

(1)岗位角色

全所民警(重点为管教部门的民警、医务民警、发生自杀事件大(中)队民警)。

(2)工作要领(流程)

①自杀未遂事件的处置

A.发现情况,快速报警,果断行动,阻止自杀,避免伤亡;

B.及时做好自杀戒毒人员的说服规劝和情绪稳定工作,促其放弃轻生自杀念头;

C.迅速做好自杀未遂戒毒人员的抢救和救治工作;

D.调阅现场监控、展开外围调查(询问该戒毒人员的互助小组成员或与其亲近的人员),找出原因;

E.分析自杀原因(社会环境、个人心理因素、精神病理原因),制定措施;

F.形成报告,上报省局;

G.填写表格,列入重控;

H.总结经验教训,防微杜渐。

②自杀既遂事件的处置

A.发现情况,快速报警,固定证据,保护现场;

B.报告上级,联系公安机关和驻所检察机关,配合调查;

C.调阅现场监控、展开外围调查(询问该戒毒人员的互助小组成员或与其亲近的人员),找出原因;

D.分析自杀原因(社会环境、个人心理因素、精神病理原因),制定措施;

E.形成调查报告,上报省局;

F.通知家属、处理尸体、处置遗物;

G.填写表格,整理档案,场所除名;

H.总结经验教训,防微杜渐。

(3)工作标准

①自杀未遂事件

A.发现及时、处置及时、救助及时。

B.确定戒毒人员自杀行为已被有效阻止,并及时予以救治和隔离控制;

C.经过规劝教育以及心理疏导,戒毒人员自杀轻生念头已消除,情绪基本稳定;

E.自杀未遂事件的主要诱因已经查明,并已采取相应安全防范措施;

F.形成完整的调查报告(有事件的经过、处置结果、原因分析、预防对策等内容);

G.形成报告上报省局;

H.确定无潜在的诱发因素或重新激化矛盾的不安全稳定因素;

I.确保其他戒毒人员思想稳定。

②自杀既遂事件

A.保护现场、固定证据;

B.联合公安、检察,配合调查;

C.对自杀身亡戒毒人员有关情况已经报告上级;

D.自杀事件的主要原因已经查明,并已采取相应安全防范措施;

E.确定无潜在的诱发因素和重新激化矛盾的不安全稳定因素;

F.确保其他戒毒人员思想稳定;

G.通知死亡戒毒人员家属,妥善处理死亡事件;

H.死亡戒毒人员及其遗物得到妥善处理;

I.根据工作流程完成死亡戒毒人员的档案整理、场所除名等日常所政事务;

J. 形成完整的调查报告(有事件的经过、处置结果、原因分析、预防对策等内容);

K. 形成专报上报省局。

(4)注意事项

①对发现的重大隐患要填写报告并立即报送所领导和所政管理部门,做好值班日志和自杀死亡事故处理记录,严禁隐瞒不报。

②强化对场所重点时段、重点区域和重点人群的监控。

③预防戒毒人员自杀预案要科学有效,并不断修订完善。

④强化监控和报警工作机制的联动机制,充分做到无缝对接。

⑤密切与所在地的公安机关以及驻所检察室的联系。

⑥要注意快速到达事发现场,力争将自杀事态消灭于萌芽状态。

⑦坚持人道主义,对自杀未遂戒毒人员给予及时救治,以免事态恶化和扩大。

⑧查明事件发生的原因,注意做好预谋自杀戒毒人员管教和监控工作。

⑨强化场所内的安全隐患排查,对各类习艺生产工具加强管控。

⑩做好有心理障碍的戒毒人员的心理疏导,矫正其不良心理。

⑪强化教育矫治工作,对于日常排摸出的重点人员要落实好包教措施。

⑫严厉打击所王所霸,消除场所内的不良矫治氛围。

⑬相关证据要保存完整和规范,制作调查报告要严谨、规范。

9.3　戒毒人员猝死事件的处置

(1)岗位角色

全所民警(重点为管教部门的民警、医务民警、发生猝死事件大(中)队民警)。

(2)工作要领(流程)

①保护现场、固定证据。

②及时上报:

A. 及时上报省局、所领导以及各业务部门领导;

B. 及时告知驻所检察室,要求派员参与全程处置。

③现场处理:

A. 调阅该戒毒人员档案资料;

B. 询问该戒毒人员的互助小组成员;

C. 现场拍照取证;

D. 通知驻地医院(县级以上)派员来所进行死亡鉴定,并出具死亡鉴定书;

E. 联系殡仪馆,做好猝死人员遗体的妥善保管;

F. 法医出具死亡结论。

④接待家属:

A. 告知猝死戒毒人员家属实际情况;

B. 做好家属的接待,告知死因、处理意见和依据,解答家属疑问;

C. 明确告之相关的权利和义务,并听取诉求;

D. 明确回答家属提出的问题,提供、解释相关的法律依据;

E. 处理好家属闹事情况。

⑤调查取证：

A. 调阅现场监控；

B. 展开外围调查(询问该戒毒人员的互助小组成员或与其亲近的人员)，找出原因；

C. 形成完整的戒毒人员猝死报告；

D. 分析此次案例，改善防控措施。

⑥善后处理：

A. 处理死者遗物；

B. 尸体火化；

C. 整理死者档案。

(3)工作标准

①冷静处理莫慌张；

②现场维护是基础；

③固定证据为关键；

④三方检测需引入；

⑤家属疏导做到位；

⑥调查汇报务仔细；

⑦舆论宣传要到位。

(4)注意事项

①信息报送要及时；

②现场处理要规范；

③接待家属要诚恳；

④善后处理要规范；

⑤分析研究要深入。

9.4　戒毒人员聚众斗殴事件的处置

(1)岗位角色

所区民警。

(2)工作要领(流程)

①接警后立即到达事发现场，采取必要强制措施，阻止斗殴；

②查明带头斗殴滋事的首要分子，加以隔离并严格控制；

③做好参与斗殴滋事戒毒人员的思想教育、分化瓦解和情绪稳定工作；

④做好其他戒毒人员的稳定防范工作，以防矛盾扩大；

⑤迅速调查斗殴事件发生的主要原因；

⑥对不服管教和有暴力危险倾向的，经审批，及时使用警械，或实施单独管理；

⑦检查有无潜在的诱发因素或重新激化矛盾的不稳定因素；

⑧认真填写值班日志和事故处理记录并报告上级。

(3)工作标准

①确定斗殴的首要分子已经被严格控制；

②确定参与斗殴的戒毒人员情绪已经稳定；

③确定斗殴事件的主要原因已经查明；

④确定无潜在的诱发因素或重新激化矛盾的不稳定因素；

⑤确保其他戒毒人员思想稳定。

（4）注意事项

①要注意快速出警，力争将事态消灭于萌芽状态；

②要注意对事件发生的原因的调查分析，及时总结经验教训；

③要注意做好其他戒毒人员的思想教育和安全稳定工作；

④对于聚众斗殴首要分子予以严厉处罚；

⑤对发现的重大隐患要填写报告并送所领导和所政管理部门；

⑥要注意做好值班日志和事故处理记录，严禁隐瞒不报。

9.5 戒毒人员所内群体吸毒事件的处置

（1）岗位角色

所区民警。

（2）工作要领（流程）

①立即汇报，启动预案；

②集中隔离，控制现场；

③调查事件，及时救护；

④抽样尿检，掌控范围；

⑤及时提审，查明原因。

（3）工作标准

①接到指令，各应急小组紧急奔赴现场；

②现场管理民警立即集中并隔离相关人员，各大（中）队立即进行排摸；

③应当及时抢救因吸毒造成生命危险的人员；

④尿检率不得少于15％；

⑤查明毒品流入途径，查清参与吸毒的人员，报告群体吸毒事件的前因后果，对各类参与违纪的人员给予严肃处理；

（4）注意事项

①总结处置经验，吸取教训，追究责任；

②进一步做好毒品等违禁品的查、禁、防、堵，促进安全防范工作。

9.6 戒毒人员工伤事故的处置

（1）岗位角色

所区民警。

（2）工作要领（流程）

①事故现场民警立即向大队领导汇报；大队领导及时向生产管理部门和所领导汇报；情况紧急时，事故现场民警可直接向所领导汇报。

②所领导接到报告后，应立即启动工伤事故应急处置预案，赶到事故现场指挥抢救。

③事故抢救小组成员应迅速投入现场进行救援。

④医疗救护小组迅速对伤员进行抢救和处理，救护车辆迅速转送伤员。

⑤后勤保障小组立即将救援所需的工具、物资等调集到位。

⑥现场调查小组迅速组织现场警戒，查找事故原因。

（3）工作标准

①伤亡人员已经得到妥善救治。

②事故书面报告须在 12 小时内完成。

③事故书面报告的内容包括：

A. 事故发生单位概况，包括事故发生所区的基本情况、事故发生的时间和地点等；

B. 事故的简要描述，包括人员伤亡情况、事故应急救援情况等；

C. 事故发生原因，包括事故发生的直接原因和间接原因；

D. 善后处理情况，包括如何进行善后处理、事故的教训、预防同类事故重复发生的建议、对事故责任人的处理意见等。

（4）注意事项

①在工伤事故中，要以救人为重，尽一切可能抢救伤员；要冷静、有序、科学地组织救援，注意救援人员自身的人身安全，防止次生灾害的发生。

②在抢救小组赶到事故现场前，现场民警要积极组织力所能及的初期处置，如切断电源、疏散现场人员、查明伤亡人数、运送伤员等。

③应当妥善保护事故现场以及相关证据。因抢救伤员、防止事故扩大或疏散交通等原因，需要移动事故现场物件的，应当做好标志，绘制现场简图并做书面记录，妥善保存现场重要痕迹。

附录一

中华人民共和国禁毒法

(2007 年 12 月 29 日第十届全国人民代表大会常务委员会第三十一次会议通过)

第一章　总　则

第一条　为了预防和惩治毒品违法犯罪行为,保护公民身心健康,维护社会秩序,制定本法。

第二条　本法所称毒品,是指鸦片、海洛因、甲基苯丙胺(冰毒)、吗啡、大麻、可卡因,以及国家规定管制的其他能够使人形成瘾癖的麻醉药品和精神药品。

根据医疗、教学、科研的需要,依法可以生产、经营、使用、储存、运输麻醉药品和精神药品。

第三条　禁毒是全社会的共同责任。国家机关、社会团体、企业事业单位以及其他组织和公民,应当依照本法和有关法律的规定,履行禁毒职责或者义务。

第四条　禁毒工作实行预防为主,综合治理,禁种、禁制、禁贩、禁吸并举的方针。

禁毒工作实行政府统一领导,有关部门各负其责,社会广泛参与的工作机制。

第五条　国务院设立国家禁毒委员会,负责组织、协调、指导全国的禁毒工作。

县级以上地方各级人民政府根据禁毒工作的需要,可以设立禁毒委员会,负责组织、协调、指导本行政区域内的禁毒工作。

第六条　县级以上各级人民政府应当将禁毒工作纳入国民经济和社会发展规划,并将禁毒经费列入本级财政预算。

第七条　国家鼓励对禁毒工作的社会捐赠,并依法给予税收优惠。

第八条　国家鼓励开展禁毒科学技术研究,推广先进的缉毒技术、装备和戒毒方法。

第九条　国家鼓励公民举报毒品违法犯罪行为。各级人民政府和有关部门应当对举报人予以保护,对举报有功人员以及在禁毒工作中有突出贡献的单位和个人,给予表彰和奖励。

第十条　国家鼓励志愿人员参与禁毒宣传教育和戒毒社会服务工作。地方各级人民政府应当对志愿人员进行指导、培训,并提供必要的工作条件。

第二章　禁毒宣传教育

第十一条　国家采取各种形式开展全民禁毒宣传教育,普及毒品预防知识,增强公民的禁毒意识,提高公民自觉抵制毒品的能力。

国家鼓励公民、组织开展公益性的禁毒宣传活动。

第十二条　各级人民政府应当经常组织开展多种形式的禁毒宣传教育。

工会、共产主义青年团、妇女联合会应当结合各自工作对象的特点,组织开展禁毒宣传教育。

第十三条　教育行政部门、学校应当将禁毒知识纳入教育、教学内容,对学生进行禁毒宣传教育。公安机关、司法行政部门和卫生行政部门应当予以协助。

第十四条　新闻、出版、文化、广播、电影、电视等有关单位,应当有针对性地面向社会进行禁毒宣传教育。

第十五条　飞机场、火车站、长途汽车站、码头以及旅店、娱乐场所等公共场所的经营者、管理者,负责本场所的禁毒宣传教育,落实禁毒防范措施,预防毒品违法犯罪行为在本场所内发生。

第十六条　国家机关、社会团体、企业事业单位以及其他组织,应当加强对本单位人员的禁毒宣传教育。

第十七条　居民委员会、村民委员会应当协助人民政府以及公安机关等部门,加强禁毒宣传教育,落实禁毒防范措施。

第十八条　未成年人的父母或者其他监护人应当对未成年人进行毒品危害的教育,防止其吸食、注射毒品或者进行其他毒品违法犯罪活动。

第三章　毒品管制

第十九条　国家对麻醉药品药用原植物种植实行管制。禁止非法种植罂粟、古柯植物、大麻植物以及国家规定管制的可以用于提炼加工毒品的其他原植物。禁止走私或者非法买卖、运输、携带、持有未经灭活的毒品原植物种子或者幼苗。

地方各级人民政府发现非法种植毒品原植物的,应当立即采取措施予以制止、铲除。村民委员会、居民委员会发现非法种植毒品原植物的,应当及时予以制止、铲除,并向当地公安机关报告。

第二十条　国家确定的麻醉药品药用原植物种植企业,必须按照国家有关规定种植麻醉药品药用原植物。

国家确定的麻醉药品药用原植物种植企业的提取加工场所,以及国家设立的麻醉药品储存仓库,列为国家重点警戒目标。

未经许可,擅自进入国家确定的麻醉药品药用原植物种植企业的提取加工场所或者国家设立的麻醉药品储存仓库等警戒区域的,由警戒人员责令其立即离开;拒不离开的,强行带离现场。

第二十一条 国家对麻醉药品和精神药品实行管制,对麻醉药品和精神药品的实验研究、生产、经营、使用、储存、运输实行许可和查验制度。

国家对易制毒化学品的生产、经营、购买、运输实行许可制度。

禁止非法生产、买卖、运输、储存、提供、持有、使用麻醉药品、精神药品和易制毒化学品。

第二十二条 国家对麻醉药品、精神药品和易制毒化学品的进口、出口实行许可制度。国务院有关部门应当按照规定的职责,对进口、出口麻醉药品、精神药品和易制毒化学品依法进行管理。禁止走私麻醉药品、精神药品和易制毒化学品。

第二十三条 发生麻醉药品、精神药品和易制毒化学品被盗、被抢、丢失或者其他流入非法渠道的情形,案发单位应当立即采取必要的控制措施,并立即向公安机关报告,同时依照规定向有关主管部门报告。

公安机关接到报告后,或者有证据证明麻醉药品、精神药品和易制毒化学品可能流入非法渠道的,应当及时开展调查,并可以对相关单位采取必要的控制措施。药品监督管理部门、卫生行政部门以及其他有关部门应当配合公安机关开展工作。

第二十四条 禁止非法传授麻醉药品、精神药品和易制毒化学品的制造方法。公安机关接到举报或者发现非法传授麻醉药品、精神药品和易制毒化学品制造方法的,应当及时依法查处。

第二十五条 麻醉药品、精神药品和易制毒化学品管理的具体办法,由国务院规定。

第二十六条 公安机关根据查缉毒品的需要,可以在边境地区、交通要道、口岸以及飞机场、火车站、长途汽车站、码头对来往人员、物品、货物以及交通工具进行毒品和易制毒化学品检查,民航、铁路、交通部门应当予以配合。

海关应当依法加强对进出口岸的人员、物品、货物和运输工具的检查,防止走私毒品和易制毒化学品。

邮政企业应当依法加强对邮件的检查,防止邮寄毒品和非法邮寄易制毒化学品。

第二十七条 娱乐场所应当建立巡查制度,发现娱乐场所内有毒品违法犯罪活动的,应当立即向公安机关报告。

第二十八条 对依法查获的毒品,吸食、注射毒品的用具,毒品违法犯罪的非法所得及其收益,以及直接用于实施毒品违法犯罪行为的本人所有的工具、设备、资金,应当收缴,依照规定处理。

第二十九条 反洗钱行政主管部门应当依法加强对可疑毒品犯罪资金的监测。反洗钱行政主管部门和其他依法负有反洗钱监督管理职责的部门、机构发现涉嫌毒品犯罪的资金流动情况,应当及时向侦查机关报告,并配合侦查机关做好侦查、调查工作。

第三十条 国家建立健全毒品监测和禁毒信息系统,开展毒品监测和禁毒信息的收集、分析、使用、交流工作。

第四章 戒毒措施

第三十一条 国家采取各种措施帮助吸毒人员戒除毒瘾,教育和挽救吸毒人员。

吸毒成瘾人员应当进行戒毒治疗。

吸毒成瘾的认定办法,由国务院卫生行政部门、药品监督管理部门、公安部门规定。

第三十二条　公安机关可以对涉嫌吸毒的人员进行必要的检测,被检测人员应当予以配合;对拒绝接受检测的,经县级以上人民政府公安机关或者其派出机构负责人批准,可以强制检测。

公安机关应当对吸毒人员进行登记。

第三十三条　对吸毒成瘾人员,公安机关可以责令其接受社区戒毒,同时通知吸毒人员户籍所在地或者现居住地的城市街道办事处、乡镇人民政府。社区戒毒的期限为三年。

戒毒人员应当在户籍所在地接受社区戒毒;在户籍所在地以外的现居住地有固定住所的,可以在现居住地接受社区戒毒。

第三十四条　城市街道办事处、乡镇人民政府负责社区戒毒工作。城市街道办事处、乡镇人民政府可以指定有关基层组织,根据戒毒人员本人和家庭情况,与戒毒人员签订社区戒毒协议,落实有针对性的社区戒毒措施。公安机关和司法行政、卫生行政、民政等部门应当对社区戒毒工作提供指导和协助。

城市街道办事处、乡镇人民政府,以及县级人民政府劳动行政部门对无职业且缺乏就业能力的戒毒人员,应当提供必要的职业技能培训、就业指导和就业援助。

第三十五条　接受社区戒毒的戒毒人员应当遵守法律、法规,自觉履行社区戒毒协议,并根据公安机关的要求,定期接受检测。

对违反社区戒毒协议的戒毒人员,参与社区戒毒的工作人员应当进行批评、教育;对严重违反社区戒毒协议或者在社区戒毒期间又吸食、注射毒品的,应当及时向公安机关报告。

第三十六条　吸毒人员可以自行到具有戒毒治疗资质的医疗机构接受戒毒治疗。

设置戒毒医疗机构或者医疗机构从事戒毒治疗业务的,应当符合国务院卫生行政部门规定的条件,报所在地的省、自治区、直辖市人民政府卫生行政部门批准,并报同级公安机关备案。戒毒治疗应当遵守国务院卫生行政部门制定的戒毒治疗规范,接受卫生行政部门的监督检查。

戒毒治疗不得以营利为目的。戒毒治疗的药品、医疗器械和治疗方法不得做广告。戒毒治疗收取费用的,应当按照省、自治区、直辖市人民政府价格主管部门会同卫生行政部门制定的收费标准执行。

第三十七条　医疗机构根据戒毒治疗的需要,可以对接受戒毒治疗的戒毒人员进行身体和所携带物品的检查;对在治疗期间有人身危险的,可以采取必要的临时保护性约束措施。

发现接受戒毒治疗的戒毒人员在治疗期间吸食、注射毒品的,医疗机构应当及时向公安机关报告。

第三十八条　吸毒成瘾人员有下列情形之一的,由县级以上人民政府公安机关作出强制隔离戒毒的决定:

(一)拒绝接受社区戒毒的;

(二)在社区戒毒期间吸食、注射毒品的;

(三)严重违反社区戒毒协议的;

(四)经社区戒毒、强制隔离戒毒后再次吸食、注射毒品的。

对于吸毒成瘾严重,通过社区戒毒难以戒除毒瘾的人员,公安机关可以直接作出强制隔离戒毒的决定。

吸毒成瘾人员自愿接受强制隔离戒毒的,经公安机关同意,可以进入强制隔离戒毒场所戒毒。

第三十九条 怀孕或者正在哺乳自己不满一周岁婴儿的妇女吸毒成瘾的,不适用强制隔离戒毒。不满十六周岁的未成年人吸毒成瘾的,可以不适用强制隔离戒毒。

对依照前款规定不适用强制隔离戒毒的吸毒成瘾人员,依照本法规定进行社区戒毒,由负责社区戒毒工作的城市街道办事处、乡镇人民政府加强帮助、教育和监督,督促落实社区戒毒措施。

第四十条 公安机关对吸毒成瘾人员决定予以强制隔离戒毒的,应当制作强制隔离戒毒决定书,在执行强制隔离戒毒前送达被决定人,并在送达后二十四小时以内通知被决定人的家属、所在单位和户籍所在地公安派出所;被决定人不讲真实姓名、住址,身份不明的,公安机关应当自查清其身份后通知。

被决定人对公安机关作出的强制隔离戒毒决定不服的,可以依法申请行政复议或者提起行政诉讼。

第四十一条 对被决定予以强制隔离戒毒的人员,由作出决定的公安机关送强制隔离戒毒场所执行。

强制隔离戒毒场所的设置、管理体制和经费保障,由国务院规定。

第四十二条 戒毒人员进入强制隔离戒毒场所戒毒时,应当接受对其身体和所携带物品的检查。

第四十三条 强制隔离戒毒场所应当根据戒毒人员吸食、注射毒品的种类及成瘾程度等,对戒毒人员进行有针对性的生理、心理治疗和身体康复训练。

根据戒毒的需要,强制隔离戒毒场所可以组织戒毒人员参加必要的生产劳动,对戒毒人员进行职业技能培训。组织戒毒人员参加生产劳动的,应当支付劳动报酬。

第四十四条 强制隔离戒毒场所应当根据戒毒人员的性别、年龄、患病等情况,对戒毒人员实行分别管理。

强制隔离戒毒场所对有严重残疾或者疾病的戒毒人员,应当给予必要的看护和治疗;对患有传染病的戒毒人员,应当依法采取必要的隔离、治疗措施;对可能发生自伤、自残等情形的戒毒人员,可以采取相应的保护性约束措施。

强制隔离戒毒场所管理人员不得体罚、虐待或者侮辱戒毒人员。

第四十五条 强制隔离戒毒场所应当根据戒毒治疗的需要配备执业医师。强制隔离戒毒场所的执业医师具有麻醉药品和精神药品处方权的,可以按照有关技术规范对戒毒人员使用麻醉药品、精神药品。

卫生行政部门应当加强对强制隔离戒毒场所执业医师的业务指导和监督管理。

第四十六条 戒毒人员的亲属和所在单位或者就读学校的工作人员,可以按照有关规定探访戒毒人员。戒毒人员经强制隔离戒毒场所批准,可以外出探视配偶、直系亲属。

强制隔离戒毒场所管理人员应当对强制隔离戒毒场所以外的人员交给戒毒人员的物品和邮件进行检查,防止夹带毒品。在检查邮件时,应当依法保护戒毒人员的通信自由和通信秘密。

第四十七条 强制隔离戒毒的期限为二年。

执行强制隔离戒毒1年后,经诊断评估,对于戒毒情况良好的戒毒人员,强制隔离戒毒场所可以提出提前解除强制隔离戒毒的意见,报强制隔离戒毒的决定机关批准。

强制隔离戒毒期满前,经诊断评估,对于需要延长戒毒期限的戒毒人员,由强制隔离戒毒场所提出延长戒毒期限的意见,报强制隔离戒毒的决定机关批准。强制隔离戒毒的期限最长可以延长1年。

第四十八条 对于被解除强制隔离戒毒的人员,强制隔离戒毒的决定机关可以责令其接受不超过三年的社区康复。

社区康复参照本法关于社区戒毒的规定实施。

第四十九条 县级以上地方各级人民政府根据戒毒工作的需要,可以开办戒毒康复场所;对社会力量依法开办的公益性戒毒康复场所应当给予扶持,提供必要的便利和帮助。

戒毒人员可以自愿在戒毒康复场所生活、劳动。戒毒康复场所组织戒毒人员参加生产劳动的,应当参照国家劳动用工制度的规定支付劳动报酬。

第五十条 公安机关、司法行政部门对被依法拘留、逮捕、收监执行刑罚以及被依法采取强制性教育措施的吸毒人员,应当给予必要的戒毒治疗。

第五十一条 省、自治区、直辖市人民政府卫生行政部门会同公安机关、药品监督管理部门依照国家有关规定,根据巩固戒毒成果的需要和本行政区域艾滋病流行情况,可以组织开展戒毒药物维持治疗工作。

第五十二条 戒毒人员在入学、就业、享受社会保障等方面不受歧视。有关部门、组织和人员应当在入学、就业、享受社会保障等方面对戒毒人员给予必要的指导和帮助。

第五章　禁毒国际合作

第五十三条 中华人民共和国根据缔结或者参加的国际条约或者按照对等原则,开展禁毒国际合作。

第五十四条 国家禁毒委员会根据国务院授权,负责组织开展禁毒国际合作,履行国际禁毒公约义务。

第五十五条 涉及追究毒品犯罪的司法协助,由司法机关依照有关法律的规定办理。

第五十六条 国务院有关部门应当按照各自职责,加强与有关国家或者地区执法机关以及国际组织的禁毒情报信息交流,依法开展禁毒执法合作。

经国务院公安部门批准,边境地区县级以上人民政府公安机关可以与有关国家或者地区的执法机关开展执法合作。

第五十七条 通过禁毒国际合作破获毒品犯罪案件的,中华人民共和国政府可以与有关国家分享查获的非法所得、由非法所得获得的收益以及供毒品犯罪使用的财物或者财物变卖所得的款项。

第五十八条 国务院有关部门根据国务院授权,可以通过对外援助等渠道,支持有关国家实施毒品原植物替代种植、发展替代产业。

第六章　法律责任

第五十九条　有下列行为之一,构成犯罪的,依法追究刑事责任;尚不构成犯罪的,依法给予治安管理处罚:

(一)走私、贩卖、运输、制造毒品的;

(二)非法持有毒品的;

(三)非法种植毒品原植物的;

(四)非法买卖、运输、携带、持有未经灭活的毒品原植物种子或者幼苗的;

(五)非法传授麻醉药品、精神药品或者易制毒化学品制造方法的;

(六)强迫、引诱、教唆、欺骗他人吸食、注射毒品的;

(七)向他人提供毒品的。

第六十条　有下列行为之一,构成犯罪的,依法追究刑事责任;尚不构成犯罪的,依法给予治安管理处罚:

(一)包庇走私、贩卖、运输、制造毒品的犯罪分子,以及为犯罪分子窝藏、转移、隐瞒毒品或者犯罪所得财物的;

(二)在公安机关查处毒品违法犯罪活动时为违法犯罪行为人通风报信的;

(三)阻碍依法进行毒品检查的;

(四)隐藏、转移、变卖或者损毁司法机关、行政执法机关依法扣押、查封、冻结的涉及毒品违法犯罪活动的财物的。

第六十一条　容留他人吸食、注射毒品或者介绍买卖毒品,构成犯罪的,依法追究刑事责任;尚不构成犯罪的,由公安机关处十日以上十五日以下拘留,可以并处三千元以下罚款;情节较轻的,处五日以下拘留或者五百元以下罚款。

第六十二条　吸食、注射毒品的,依法给予治安管理处罚。吸毒人员主动到公安机关登记或者到有资质的医疗机构接受戒毒治疗的,不予处罚。

第六十三条　在麻醉药品、精神药品的实验研究、生产、经营、使用、储存、运输、进口、出口以及麻醉药品药用原植物种植活动中,违反国家规定,致使麻醉药品、精神药品或者麻醉药品药用原植物流入非法渠道,构成犯罪的,依法追究刑事责任;尚不构成犯罪的,依照有关法律、行政法规的规定给予处罚。

第六十四条　在易制毒化学品的生产、经营、购买、运输或者进口、出口活动中,违反国家规定,致使易制毒化学品流入非法渠道,构成犯罪的,依法追究刑事责任;尚不构成犯罪的,依照有关法律、行政法规的规定给予处罚。

第六十五条　娱乐场所及其从业人员实施毒品违法犯罪行为,或者为进入娱乐场所的人员实施毒品违法犯罪行为提供条件,构成犯罪的,依法追究刑事责任;尚不构成犯罪的,依照有关法律、行政法规的规定给予处罚。

娱乐场所经营管理人员明知场所内发生聚众吸食、注射毒品或者贩毒活动,不向公安机关报告的,依照前款的规定给予处罚。

第六十六条　未经批准,擅自从事戒毒治疗业务的,由卫生行政部门责令停止违法业务活动,没收违法所得和使用的药品、医疗器械等物品;构成犯罪的,依法追究刑事责任。

第六十七条　戒毒医疗机构发现接受戒毒治疗的戒毒人员在治疗期间吸食、注射毒品,不向公安机关报告的,由卫生行政部门责令改正;情节严重的,责令停业整顿。

第六十八条　强制隔离戒毒场所、医疗机构、医师违反规定使用麻醉药品、精神药品,构成犯罪的,依法追究刑事责任;尚不构成犯罪的,依照有关法律、行政法规的规定给予处罚。

第六十九条　公安机关、司法行政部门或者其他有关主管部门的工作人员在禁毒工作中有下列行为之一,构成犯罪的,依法追究刑事责任;尚不构成犯罪的,依法给予处分:

(一)包庇、纵容毒品违法犯罪人员的;

(二)对戒毒人员有体罚、虐待、侮辱等行为的;

(三)挪用、截留、克扣禁毒经费的;

(四)擅自处分查获的毒品和扣押、查封、冻结的涉及毒品违法犯罪活动的财物的。

第七十条　有关单位及其工作人员在入学、就业、享受社会保障等方面歧视戒毒人员的,由教育行政部门、劳动行政部门责令改正;给当事人造成损失的,依法承担赔偿责任。

第七章　附　则

第七十一条　本法自 2008 年 6 月 1 日起施行。《全国人民代表大会常务委员会关于禁毒的决定》同时废止。

附录二

中华人民共和国国务院令

第 597 号

《戒毒条例》已经 2011 年 6 月 22 日国务院第 160 次常务会议通过,现予公布,自公布之日起施行。

总理 温家宝
2011 年 6 月 26 日

戒毒条例

第一章 总 则

第一条 为了规范戒毒工作,帮助吸毒成瘾人员戒除毒瘾,维护社会秩序,根据《中华人民共和国禁毒法》,制定本条例。

第二条 县级以上人民政府应当建立政府统一领导,禁毒委员会组织、协调、指导,有关部门各负其责,社会力量广泛参与的戒毒工作体制。

戒毒工作坚持以人为本、科学戒毒、综合矫治、关怀救助的原则,采取自愿戒毒、社区戒毒、强制隔离戒毒、社区康复等多种措施,建立戒毒治疗、康复指导、救助服务兼备的工作体系。

第三条 县级以上人民政府应当按照国家有关规定将戒毒工作所需经费列入本级财政预算。

第四条 县级以上地方人民政府设立的禁毒委员会可以组织公安机关、卫生行政和药品监督管理部门开展吸毒监测、调查,并向社会公开监测、调查结果。

县级以上地方人民政府公安机关负责对涉嫌吸毒人员进行检测,对吸毒人员进行登记并依法实行动态管控,依法责令社区戒毒、决定强制隔离戒毒、责令社区康复,管理公安机关的强制隔离戒毒场所、戒毒康复场所,对社区戒毒、社区康复工作提供指导和支持。

设区的市级以上地方人民政府司法行政部门负责管理司法行政部门的强制隔离戒毒场所、戒毒康复场所,对社区戒毒、社区康复工作提供指导和支持。

县级以上地方人民政府卫生行政部门负责戒毒医疗机构的监督管理,会同公安机关、司法行政等部门制定戒毒医疗机构设置规划,对戒毒医疗服务提供指导和支持。

县级以上地方人民政府民政、人力资源社会保障、教育等部门依据各自的职责,对社区戒毒、社区康复工作提供康复和职业技能培训等指导和支持。

第五条 乡(镇)人民政府、城市街道办事处负责社区戒毒、社区康复工作。

第六条 县级、设区的市级人民政府需要设置强制隔离戒毒场所、戒毒康复场所的,应当合理布局,报省、自治区、直辖市人民政府批准,并纳入当地国民经济和社会发展规划。

强制隔离戒毒场所、戒毒康复场所的建设标准,由国务院建设部门、发展改革部门会同国务院公安部门、司法行政部门制定。

第七条 戒毒人员在入学、就业、享受社会保障等方面不受歧视。

对戒毒人员戒毒的个人信息应当依法予以保密。对戒断 3 年未复吸的人员,不再实行动态管控。

第八条 国家鼓励、扶持社会组织、企业、事业单位和个人参与戒毒科研、戒毒社会服务和戒毒社会公益事业。

对在戒毒工作中有显著成绩和突出贡献的,按照国家有关规定给予表彰、奖励。

第二章　自愿戒毒

第九条 国家鼓励吸毒成瘾人员自行戒除毒瘾。吸毒人员可以自行到戒毒医疗机构接受戒毒治疗。对自愿接受戒毒治疗的吸毒人员,公安机关对其原吸毒行为不予处罚。

第十条 戒毒医疗机构应当与自愿戒毒人员或者其监护人签订自愿戒毒协议,就戒毒方法、戒毒期限、戒毒的个人信息保密、戒毒人员应当遵守的规章制度、终止戒毒治疗的情形等作出约定,并应当载明戒毒疗效、戒毒治疗风险。

第十一条 戒毒医疗机构应当履行下列义务:

(一)对自愿戒毒人员开展艾滋病等传染病的预防、咨询教育;

(二)对自愿戒毒人员采取脱毒治疗、心理康复、行为矫治等多种治疗措施,并应当符合国务院卫生行政部门制定的戒毒治疗规范;

(三)采用科学、规范的诊疗技术和方法,使用的药物、医院制剂、医疗器械应当符合国家有关规定;

(四)依法加强药品管理,防止麻醉药品、精神药品流失滥用。

第十二条 符合参加戒毒药物维持治疗条件的戒毒人员,由本人申请,并经登记,可以参加戒毒药物维持治疗。登记参加戒毒药物维持治疗的戒毒人员的信息应当及时报公安机关备案。

戒毒药物维持治疗的管理办法,由国务院卫生行政部门会同国务院公安部门、药品监督管理部门制定。

第三章　社区戒毒

第十三条 对吸毒成瘾人员,县级、设区的市级人民政府公安机关可以责令其接受社区戒毒,并出具责令社区戒毒决定书,送达本人及其家属,通知本人户籍所在地或者现居住地乡(镇)人民政府、城市街道办事处。

第十四条 社区戒毒人员应当自收到责令社区戒毒决定书之日起15日内到社区戒毒执行地乡(镇)人民政府、城市街道办事处报到,无正当理由逾期不报到的,视为拒绝接受社区戒毒。

社区戒毒的期限为3年,自报到之日起计算。

第十五条 乡(镇)人民政府、城市街道办事处应当根据工作需要成立社区戒毒工作领导小组,配备社区戒毒专职工作人员,制定社区戒毒工作计划,落实社区戒毒措施。

第十六条 乡(镇)人民政府、城市街道办事处,应当在社区戒毒人员报到后及时与其签订社区戒毒协议,明确社区戒毒的具体措施、社区戒毒人员应当遵守的规定以及违反社区戒毒协议应承担的责任。

第十七条 社区戒毒专职工作人员、社区民警、社区医务人员、社区戒毒人员的家庭成员以及禁毒志愿者共同组成社区戒毒工作小组具体实施社区戒毒。

第十八条 乡(镇)人民政府、城市街道办事处和社区戒毒工作小组应当采取下列措施管理、帮助社区戒毒人员:

(一)戒毒知识辅导;

(二)教育、劝诫;

(三)职业技能培训,职业指导,就学、就业、就医援助;

(四)帮助戒毒人员戒除毒瘾的其他措施。

第十九条 社区戒毒人员应当遵守下列规定:

(一)履行社区戒毒协议;

(二)根据公安机关的要求,定期接受检测;

(三)离开社区戒毒执行地所在县(市、区)3日以上的,须书面报告。

第二十条 社区戒毒人员在社区戒毒期间,逃避或者拒绝接受检测3次以上,擅自离开社区戒毒执行地所在县(市、区)3次以上或者累计超过30日的,属于《中华人民共和国禁毒法》规定的"严重违反社区戒毒协议"。

第二十一条 社区戒毒人员拒绝接受社区戒毒,在社区戒毒期间又吸食、注射毒品,以及严重违反社区戒毒协议的,社区戒毒专职工作人员应当及时向当地公安机关报告。

第二十二条 社区戒毒人员的户籍所在地或者现居住地发生变化,需要变更社区戒毒执行地的,社区戒毒执行地乡(镇)人民政府、城市街道办事处应当将有关材料转送至变更后的乡(镇)人民政府、城市街道办事处。

社区戒毒人员应当自社区戒毒执行地变更之日起15日内前往变更后的乡(镇)人民政府、城市街道办事处报到,社区戒毒时间自报到之日起连续计算。

变更后的乡(镇)人民政府、城市街道办事处,应当按照本条例第十六条的规定,与社区戒毒人员签订新的社区戒毒协议,继续执行社区戒毒。

第二十三条 社区戒毒自期满之日起解除。社区戒毒执行地公安机关应当出具解除社区戒毒通知书送达社区戒毒人员本人及其家属,并在7日内通知社区戒毒执行地乡(镇)人民政府、城市街道办事处。

第二十四条 社区戒毒人员被依法收监执行刑罚、采取强制性教育措施的,社区戒毒终止。

社区戒毒人员被依法拘留、逮捕的,社区戒毒中止,由羁押场所给予必要的戒毒治疗,释放后继续接受社区戒毒。

第四章　强制隔离戒毒

第二十五条　吸毒成瘾人员有《中华人民共和国禁毒法》第三十八条第一款所列情形之一的,由县级、设区的市级人民政府公安机关作出强制隔离戒毒的决定。

对于吸毒成瘾严重,通过社区戒毒难以戒除毒瘾的人员,县级、设区的市级人民政府公安机关可以直接作出强制隔离戒毒的决定。

吸毒成瘾人员自愿接受强制隔离戒毒的,经强制隔离戒毒场所所在地县级、设区的市级人民政府公安机关同意,可以进入强制隔离戒毒场所戒毒。强制隔离戒毒场所应当与其就戒毒治疗期限、戒毒治疗措施等作出约定。

第二十六条　对依照《中华人民共和国禁毒法》第三十九条第一款规定不适用强制隔离戒毒的吸毒成瘾人员,县级、设区的市级人民政府公安机关应当作出社区戒毒的决定,依照本条例第三章的规定进行社区戒毒。

第二十七条　强制隔离戒毒的期限为 2 年,自作出强制隔离戒毒决定之日起计算。

被强制隔离戒毒的人员在公安机关的强制隔离戒毒场所执行强制隔离戒毒 3 个月至 6 个月后,转至司法行政部门的强制隔离戒毒场所继续执行强制隔离戒毒。

执行前款规定不具备条件的省、自治区、直辖市,由公安机关和司法行政部门共同提出意见报省、自治区、直辖市人民政府决定具体执行方案,但在公安机关的强制隔离戒毒场所执行强制隔离戒毒的时间不得超过 12 个月。

第二十八条　强制隔离戒毒场所对强制隔离戒毒人员的身体和携带物品进行检查时发现的毒品等违禁品,应当依法处理;对生活必需品以外的其他物品,由强制隔离戒毒场所代为保管。

女性强制隔离戒毒人员的身体检查,应当由女性工作人员进行。

第二十九条　强制隔离戒毒场所设立戒毒医疗机构应当经所在地省、自治区、直辖市人民政府卫生行政部门批准。强制隔离戒毒场所应当配备设施设备及必要的管理人员,依法为强制隔离戒毒人员提供科学规范的戒毒治疗、心理治疗、身体康复训练和卫生、道德、法制教育,开展职业技能培训。

第三十条　强制隔离戒毒场所应当根据强制隔离戒毒人员的性别、年龄、患病等情况对强制隔离戒毒人员实行分别管理;对吸食不同种类毒品的,应当有针对性地采取必要的治疗措施;根据戒毒治疗的不同阶段和强制隔离戒毒人员的表现,实行逐步适应社会的分级管理。

第三十一条　强制隔离戒毒人员患严重疾病,不出所治疗可能危及生命的,经强制隔离戒毒场所主管机关批准,并报强制隔离戒毒决定机关备案,强制隔离戒毒场所可以允许其所外就医。所外就医的费用由强制隔离戒毒人员本人承担。

所外就医期间,强制隔离戒毒期限连续计算。对于健康状况不再适宜回所执行强制隔离戒毒的,强制隔离戒毒场所应当向强制隔离戒毒决定机关提出变更为社区戒毒的建议,强制隔离戒毒决定机关应当自收到建议之日起 7 日内,作出是否批准的决定。经批准变更为社区戒毒的,已执行的强制隔离戒毒期限折抵社区戒毒期限。

　　第三十二条　强制隔离戒毒人员脱逃的,强制隔离戒毒场所应当立即通知所在地县级人民政府公安机关,并配合公安机关追回脱逃人员。被追回的强制隔离戒毒人员应当继续执行强制隔离戒毒,脱逃期间不计入强制隔离戒毒期限。被追回的强制隔离戒毒人员不得提前解除强制隔离戒毒。

　　第三十三条　对强制隔离戒毒场所依照《中华人民共和国禁毒法》第四十七条第二款、第三款规定提出的提前解除强制隔离戒毒、延长戒毒期限的意见,强制隔离戒毒决定机关应当自收到意见之日起7日内,作出是否批准的决定。对提前解除强制隔离戒毒或者延长强制隔离戒毒期限的,批准机关应当出具提前解除强制隔离戒毒决定书或者延长强制隔离戒毒期限决定书,送达被决定人,并在送达后24小时以内通知被决定人的家属、所在单位以及其户籍所在地或者现居住地公安派出所。

　　第三十四条　解除强制隔离戒毒的,强制隔离戒毒场所应当在解除强制隔离戒毒3日前通知强制隔离戒毒决定机关,出具解除强制隔离戒毒证明书送达戒毒人员本人,并通知其家属、所在单位、其户籍所在地或者现居住地公安派出所将其领回。

　　第三十五条　强制隔离戒毒诊断评估办法由国务院公安部门、司法行政部门会同国务院卫生行政部门制定。

　　第三十六条　强制隔离戒毒人员被依法收监执行刑罚、采取强制性教育措施或者被依法拘留、逮捕的,由监管场所、羁押场所给予必要的戒毒治疗,强制隔离戒毒的时间连续计算;刑罚执行完毕时、解除强制性教育措施时或者释放时强制隔离戒毒尚未期满的,继续执行强制隔离戒毒。

第五章　社区康复

　　第三十七条　对解除强制隔离戒毒的人员,强制隔离戒毒的决定机关可以责令其接受不超过3年的社区康复。

　　社区康复在当事人户籍所在地或者现居住地乡(镇)人民政府、城市街道办事处执行,经当事人同意,也可以在戒毒康复场所中执行。

　　第三十八条　被责令接受社区康复的人员,应当自收到责令社区康复决定书之日起15日内到户籍所在地或者现居住地乡(镇)人民政府、城市街道办事处报到,签订社区康复协议。

　　被责令接受社区康复的人员拒绝接受社区康复或者严重违反社区康复协议,并再次吸食、注射毒品被决定强制隔离戒毒的,强制隔离戒毒不得提前解除。

　　第三十九条　负责社区康复工作的人员应当为社区康复人员提供必要的心理治疗和辅导、职业技能培训、职业指导以及就学、就业、就医援助。

　　第四十条　社区康复自期满之日起解除。社区康复执行地公安机关出具解除社区康复通知书送达社区康复人员本人及其家属,并在7日内通知社区康复执行地乡(镇)人民政府、城市街道办事处。

　　第四十一条　自愿戒毒人员、社区戒毒、社区康复的人员可以自愿与戒毒康复场所签订协议,到戒毒康复场所戒毒康复、生活和劳动。

　　戒毒康复场所应当配备必要的管理人员和医务人员，为戒毒人员提供戒毒康复、职业技能培训和生产劳动条件。

　　第四十二条　戒毒康复场所应当加强管理，严禁毒品流入，并建立戒毒康复人员自我管理、自我教育、自我服务的机制。戒毒康复场所组织戒毒人员参加生产劳动，应当参照国家劳动用工制度的规定支付劳动报酬。

第六章　法律责任

　　第四十三条　公安、司法行政、卫生行政等有关部门工作人员泄露戒毒人员个人信息的，依法给予处分；构成犯罪的，依法追究刑事责任。

　　第四十四条　乡（镇）人民政府、城市街道办事处负责社区戒毒、社区康复工作的人员有下列行为之一的，依法给予处分：

　　（一）未与社区戒毒、社区康复人员签订社区戒毒、社区康复协议，不落实社区戒毒、社区康复措施的；

　　（二）不履行本条例第二十一条规定的报告义务的；

　　（三）其他不履行社区戒毒、社区康复监督职责的行为。

　　第四十五条　强制隔离戒毒场所的工作人员有下列行为之一的，依法给予处分；构成犯罪的，依法追究刑事责任：

　　（一）侮辱、虐待、体罚强制隔离戒毒人员的；

　　（二）收受、索要财物的；

　　（三）擅自使用、损毁、处理没收或者代为保管的财物的；

　　（四）为强制隔离戒毒人员提供麻醉药品、精神药品或者违反规定传递其他物品的；

　　（五）在强制隔离戒毒诊断评估工作中弄虚作假的；

　　（六）私放强制隔离戒毒人员的；

　　（七）其他徇私舞弊、玩忽职守、不履行法定职责的行为。

第七章　附　则

　　第四十六条　本条例自公布之日起施行。1995 年 1 月 12 日国务院发布的《强制戒毒办法》同时废止。

附录三

强制隔离戒毒人员管理工作办法(试行)

司劳教字〔2009〕15 号

第一章 收 治

第一条 强制隔离戒毒所依法收治被公安机关决定的强制隔离戒毒人员。

第二条 强制隔离戒毒所不收治怀孕或者正在哺乳自己不满一周岁婴儿的妇女。

第三条 强制隔离戒毒所凭县级以上公安机关《强制隔离戒毒决定书》收治强制隔离戒毒人员。对没有上述法律文书或与事实不符的,不予收治。

第四条 强制隔离戒毒所收治强制隔离戒毒人员时,应当对其身体健康检查。

检查女性强制隔离戒毒人员身体,应当由女性工作人员实施。

第五条 强制隔离戒毒人员应当对强制隔离戒毒人员携带的物品进行检查,收缴违禁品。对本人不宜持有的物品进行登记,由强制隔离戒毒所代管或交其指定的亲属领回。

第六条 强制隔离戒毒人员入所后,强制隔离戒毒所应当填写《强制隔离戒毒人员登记表》,贴免冠照片,建立强制隔离人员档案。

第七条 变更强制隔离戒毒人员收治执行地点时,须报上级机关批准。

第二章 分类、分期管理

第八条 强制隔离戒毒所对强制隔离戒毒人员应当按照下列情形实行分类管理:

(一)女性强制隔离戒毒人员由女子强制隔离戒毒所进行管理;未设立女子强制隔离戒毒所的,应当单独编队管理。女性强制隔离戒毒人员由女性工作人员管理。

(二)不满 18 周岁的强制隔离戒毒人员由未成年强制隔离戒毒所进行管理;未设立未成年强制隔离戒毒所的,应当单独编队管理。

(三)因病需要隔离管理和治疗的。

第九条 对强制隔离戒毒人员可以按照下列情形实行分类管理:

(一)强制隔离戒毒和自愿戒毒的;

(二)吸毒、注射新型毒品和传统类型毒品的。

第十条 强制隔离戒毒所根据戒毒治疗的不同阶段和效果,对强制隔离戒毒人员按照急性脱毒期、康复期、巩固期进行分期管理。

第三章 安全管理

第十一条 强制隔离戒毒所安全管理的重点是防止强制隔离戒毒人员擅自离所、非正常死亡、所内犯罪、所内吸毒等安全事故,防止外部人员袭扰和破坏。

第十二条 强制隔离戒毒所应当经常进行安全检查,收缴违禁物品,及时消除安全隐患。

第十三条 工作人员对强制隔离戒毒人员学习、生活、劳动的场所实行现场管理,及时处理各类问题和突发事件。

第十四条 强制隔离戒毒所禁止任何人违反规定为强制隔离戒毒人员传递物品。

第十五条 强制隔离戒毒所应当定期对强制隔离戒毒人员进行尿检。对探视、所外就医回所的强制隔离戒毒人员应当进行尿检。

第十六条 强制隔离戒毒所应当加强所区内及周边巡查,并与周围相邻、相关单位建立联防制度。

第四章 通信、通话

第十七条 强制隔离戒毒所来往邮件应当接受工作人员的检查,防止夹带毒品和其他违禁品。实施检查时,应当有强制隔离戒毒人员本人和两名以上工作人员同时在场。

第十八条 强制隔离戒毒人员来往邮件由大(中)队统一登记、收发。

第十九条 强制隔离戒毒人员经所在大(中)队批准,可以使用强制隔离戒毒所指定电话与配偶、亲属通话。强制隔离戒毒人员与国外、境外配偶、亲属通话,须经强制隔离戒毒所批准。

强制隔离戒毒人员不得持有或使用移动通讯设备。

第五章 探 访

第二十条 强制隔离戒毒人员的配偶、直系亲属和所在单位或就读学校的工作人员可以到强制隔离戒毒所探访强制隔离戒毒人员。因特殊情况,其他人员要求探访的,须经强制隔离戒毒所批准。

第二十一条 正在实施保护性约束措施的强制隔离戒毒人员,不予安排探访。因特殊情况确需探访的,须经强制隔离戒毒所批准。

正在接受审查或呈报逮捕的,禁止探访

第二十二条 探访在探访室或指定地点进行。探访室应当设置玻璃隔离设施。探访时应有工作人员在场。

国外、境外配偶、直系亲属探访强制隔离戒毒人员,须经强制隔离戒毒所的省级主管机关批准。

　　第二十三条　强制隔离戒毒人员的配偶、直系亲属探访时,应当持有本人居民身份证(或护照)、户口本等证明本人与探访人员关系的证明。所在单位或就读学校的工作人员探访强制隔离戒毒人员,应当持本人居民身份证和所在单位出具的介绍信。对没有证件或与证件不符的,禁止探访。

　　第二十四条　探访人员送给强制隔离戒毒人员的日常生活用品,应当在强制隔离戒毒所设置的商店购买。

　　探访人员送给强制隔离戒毒人员的其他物品,须经强制隔离戒毒所批准,并由工作人员当面进行检查。

　　第二十五条　探访人员应当遵守强制隔离戒毒所的探访规定。对违反规定的,终止探访。

第六章　探　视

　　第二十六条　强制隔离戒毒人员经强制隔离戒毒场所批准,可以探视其配偶、直系亲属。

　　第二十七条　强制隔离戒毒人员探视应当提供以下证明材料:

　　(一)配偶、直系亲属户籍所在地、经常居住地公安机关、强制隔离戒毒人员原单位、就读学校或所在街道(乡、镇)出具的证明材料,证明材料中应当说明探视者与被探视者的关系和探视理由;

　　(二)县级以上医院出具的配偶、直系亲属病危通知书或者公安机关、国务院卫生行政部门规定的医疗机构出具的配偶、直系亲属死亡证明;

　　(三)其他有关证明材料。

　　第二十八条　强制隔离戒毒人员有下列情形之一的,不准探视:

　　(一)处于急性脱毒期的;

　　(二)正在实施保护性约束措施的;

　　(三)其他不宜办理探视的。

　　第二十九条　探视由大(中)队填写《强制隔离戒毒人员探视审批表》,经强制隔离戒毒所管理部门审核后,报强制隔离戒毒所批准。一次性探视时间不得超过5日(不含路途)。预期不归的,强制隔离戒毒所应当及时告知当地公安机关。

　　第三十条　探视的强制隔离戒毒人员可以由亲属或者所在单位、就读学校接送。

　　第三十一条　强制隔离戒毒人员探视费用自理。

第七章　保护性约束措施

　　第三十二条　强制隔离戒毒所对出现急性戒断症状或者可能发生自伤、自残情形的强制隔离戒毒人员,可以使用束缚服(椅、床)。

使用束缚服(椅、床)应当防止造成强制隔离戒毒人员人身伤害。

第三十三条　强制隔离戒毒人员有下列情形之一的,应当进行单独管理:

(一)涉嫌违法犯罪需要移送公安、检察机关审查处理的;

(二)在所内涉嫌违法犯罪需要隔离审查的;

(三)有行凶或预谋行凶行为的;

(四)煽动闹事和聚众斗殴的;

(五)以患有艾滋病为由攻击他人,可能造成艾滋病病毒传播的;

(六)有其他危险行为的。

第三十四条　单独管理室由强制隔离戒毒所根据需要统一设置和管理。

第三十五条　对被单独管理的强制隔离戒毒人员应当进行人身和物品检查。

第三十六条　单独管理室应由工作人员直接管理并进行安全检查,发现问题及时处理。其他人员需要询问、讯问被单独管理人时,须经强制隔离戒毒所批准,并严格履行登记手续。

第三十七条　对被单独管理人员应当按照标准供应饭菜和饮用开水,保持室内卫生,室外活动时间每日不少于 1 小时,对患有疾病的应当及时给予治疗。

对被单独管理人提出的申诉、控告等材料,强制隔离戒毒所应当及时转送,不得扣压。

第三十八条　对强制隔离戒毒人员使用保护性约束措施,应由大(中)队填写《使用保护性约束措施审批表》,经强制隔离戒毒所管理部门审核,报强制隔离戒毒所批准。在紧急情况下,可先行采取措施,并及时补办审批手续。

束缚服(椅、床)应当间隔使用。一次单独管理的时间不得超过 5 日。

第三十九条　被停止使用保护性约束措施时,承办工作人员应在《使用保护性约束措施审批表》上签名并注明解除日期。

第八章　所内违法犯罪、擅自离所、所内死亡的处置

第四十条　强制隔离戒毒人员涉嫌犯罪的,应当移送当地公安机关、检察机关立案侦查。

第四十一条　强制隔离戒毒人员因涉嫌犯罪被逮捕的,强制隔离戒毒所应当将其除名。

第四十二条　对擅自离所的强制隔离戒毒人员,强制隔离戒毒所应当在 3 日内书面通知原强制隔离戒毒决定机关。

第四十三条　强制隔离戒毒人员在强制隔离戒毒所内死亡的,凭医院出具的死亡证明,经检察机关检验后,通知死者亲属、所在单位和户籍地所在地公安机关。

亲属对死亡提出异议要求司法鉴定的,由强制隔离戒毒所组织鉴定,鉴定费用由亲属承担。

第四十四条　死者无配偶、单位或者死者亲属、原单位接到通知后 20 日内不来认领、处理尸体的,由强制隔离戒毒所报其省级主管机关批准后处理。

第四十五条　强制隔离戒毒所对死亡的强制隔离戒毒人员登记后予以除名。对死者遗留的财物,应当清点登记,通知亲属领取。无人认领的,按照《中华人民共和国继承法》的有关规定处理。

第九章　所外就医

　　第四十六条　强制隔离戒毒人员患有严重疾病,强制隔离戒毒所不具备治疗条件的,地方县级以上医院无法治愈的,可以办理所外就医(法律、法规另有规定的除外)。

　　第四十七条　强制隔离戒毒人员办理所外就医,须由指定的地方县级以上医院出具诊断证明,亲属、原工作单位或就读学校提出书面申请并同意担保。

　　第四十八条　强制隔离戒毒人员所在大(中)队填写强制隔离戒毒人员所外就医审批表,由强制隔离戒毒所医务部门、管理部门审查提出所外就医意见,经强制隔离戒毒所审核,报其省级主管机关批准。

　　第四十九条　所外就医批准后,由强制隔离戒毒所填发《强制隔离戒毒人员所外就医证明》,通知其担保人将所外就医人员接回,并通知当地公安机关和原强制隔离戒毒决定机关。

　　一次所外就医时间为 1 至 3 个月,强制隔离戒毒所应当及时了解所外就医人员疾病治疗情况,对已经痊愈的及时收回所内执行剩余期限;未痊愈的可以续办所外就医手续。

　　第五十条　强制隔离戒毒所应当及时通知到期的所外就医人员回所进行诊断评估。

　　第五十一条　强制隔离戒毒人员所外就医的费用自理。

第十章　考　核

　　第五十二条　强制隔离戒毒所应当定期对强制隔离戒毒人员进行考核。

　　第五十三条　考核的内容为强制隔离戒毒人员在遵守纪律、教育学习、生活卫生、康复训练、习艺劳动等方面的现实表现。

　　第五十四条　考核结果须经本人签名确认后存入档案。拒绝签名的,应当注明情况。

　　第五十五条　强制隔离戒毒人员的考核结果应当作为诊断评估的依据。

第十一章　奖　惩

　　第五十六条　强制隔离戒毒所应当根据强制隔离戒毒人员的所内表现进行奖惩。

　　第五十七条　对强制隔离戒毒人员的奖励种类为表扬、嘉奖、记功三种,惩罚种类为警告、严重警告、记过三种。

　　第五十八条　奖惩由大(中)队提出意见,填写《强制隔离戒毒人员奖惩审批表》,经强制隔离戒毒所管理部门审核,报强制隔离戒毒所批准。

　　第五十九条　奖惩决定应当向强制隔离戒毒人员宣布,须经本人签名确认后存入档案;拒绝签名的,应当注明情况,不影响奖惩决定的执行。

　　第六十条　奖惩结果应当作为诊断评估的依据。

第十二章　诊断评估

第六十一条　强制隔离戒毒所应当在强制隔离戒毒人员被执行强制隔离戒毒 1 年后或 2 年期满前对戒毒治疗和康复情况进行诊断评估。

诊断评估标准按照国务院卫生行政部门会同公安、司法行政部门制定的诊断评估标准执行。

第六十二条　执行强制隔离戒毒 1 年后，经诊断评估，对于戒毒情况良好的强制隔离戒毒人员，强制隔离戒毒所可以提出提前解除强制隔离戒毒的建议，报原强制隔离戒毒决定机关或受委托的强制隔离戒毒所省级主管机关批准。

第六十三条　强制隔离戒毒 2 年期满前，经诊断评估，对于需要延长戒毒期限的，由强制隔离戒毒所提出延长戒毒期限的建议，报原强制隔离戒毒决定机关或者受委托的强制隔离戒毒所省级主管机关批准。

延长强制隔离戒毒的期限最长不得超过 1 年。

第十三章　解除强制隔离戒毒

第六十四条　强制隔离戒毒所对经过诊断评估准予提前解除或按期解除强制隔离戒毒的人员，应当提前或按期解除强制隔离戒毒。

第六十五条　强制隔离戒毒期限按下列规定计算：

(一)强制隔离戒毒期限从《强制隔离戒毒决定书》规定之日起计算；

(二)延长的强制隔离戒毒期，与原决定的强制隔离戒毒期限合并执行；

(三)强制隔离戒毒人员探视(含路途)、所外就医的时间，计算为已经执行的强制隔离戒毒期；

(四)强制隔离戒毒人员擅自离所或探视逾期不归的时间，不计算为已经执行的强制隔离戒毒期限。

第六十六条　强制隔离戒毒所对解除强制隔离戒毒的人员，应填发《解除强制隔离戒毒证明书》，由大(中)队宣布并发给本人。

强制隔离戒毒所应当提前通知原强制隔离戒毒决定机关、戒毒人员家属及所在单位、就读学校和居住地、户籍所在地公安机关。

第六十七条　对提前解除强制隔离戒毒的，强制隔离戒毒所在接到原强制隔离戒毒决定机关或受委托的强制隔离戒毒所省级主管机关批准文件后，应当及时向本人宣布。

第六十八条　对解除强制隔离戒毒的人员，强制隔离戒毒所应当及时发还代管财物，结清帐目，办理出所手续。

附录四

强制隔离戒毒教育工作规定(试行)

司劳教字〔2009〕54 号

第一章 总 则

第一条 为了规范强制隔离戒毒教育工作,提高教育挽救效果,根据《中华人民共和国禁毒法》和有关法律法规,制定本规定。

第二条 强制隔离戒毒教育工作的目的是,通过综合运用各种教育矫治方法和手段,帮助戒毒人员提高法律道德意识和对毒品危害的认知水平,改变不良心理,增强自觉抵制毒品和适应社会的能力,戒除毒瘾,回归社会,成为守法公民。

第三条 强制隔离戒毒教育工作应当以人民警察为主导、戒毒人员为主体,遵循以人为本、因人施教、身心兼顾、综合矫治、关怀救助的原则。

第四条 从事强制隔离戒毒工作的人民警察应当按照教育挽救吸毒违法人员的工作要求,严格管理教育戒毒人员,同时充分体现人文关怀,调动戒毒人员自觉接受戒治的积极性。

第五条 对戒毒人员的教育按照生理脱毒期、康复期、回归社会准备期三个教育阶段进行,不同教育阶段结合相应戒治目标进行有针对性的教育。

第六条 对戒毒人员的教育内容包括:法律道德教育、禁毒戒毒教育、心理健康教育、康复训练、文化教育、职业技能教育和回归社会教育等。

第七条 对戒毒人员的教育工作应当采取启发式、引导式的互动教育方法,将课堂教学、个案矫治、心理治疗、戒毒文化建设和社会教育等多种方式相结合,提高戒毒教育工作的效果。

第八条 戒毒人员戒治期间应当以戒毒学员称谓。

第二章 机构和人员

第九条 强制隔离戒毒所设教育科,负责组织实施强制隔离戒毒教育工作。

第十条 强制隔离戒毒所设法律道德教育、禁毒戒毒教育、职业技能教育、康复训练、文化教育教研室,负责对戒毒人员的日常教学工作。强制隔离戒毒所大(中)队配备教育干事。

第十一条 强制隔离戒毒所应当按照结构合理、比例适当、确保教学的要求,建立以专职教师为主、兼职教师为辅,专业素质较强的教师队伍。

　　第十二条　强制隔离戒毒所专职教师由民警担任,实行聘任制。强制隔离戒毒所可以根据教学需要聘请社会专业人员担任兼职教师。

　　第十三条　从事强制隔离戒毒教育工作的教师应当品行良好,具有大学专科以上文化程度,掌握法律、教育、心理和戒毒理论知识,有一定的教学经验。

　　第十四条　从事强制隔离戒毒教育工作的教师应当认真备课,按时授课,及时布置、批改作业,进行课外辅导,组织考试,参与戒治效果诊断评估。

　　第十五条　强制隔离戒毒所应当建立教师岗位责任制,定期开展优秀教师评选活动。

　　第十六条　强制隔离戒毒所应当设立心理治疗中心,按照收治人数的 6‰ 以上配备具有国家心理咨询师职业资格的专职心理咨询师。强制隔离戒毒所大(中)队应当配备一名经过专业培训的民警担任心理辅导员。

　　第十七条　强制隔离戒毒所应当定期对教师和心理咨询师进行专业培训,不断提高教师和心理咨询师的业务水平。

　　第十八条　省、自治区、直辖市戒毒管理局应当建立由民警和社会有关专家学者组成的专家库,组织专家对戒治工作中的重点、难点问题开展研究,参与典型个案戒治和戒治效果评估工作。

第三章　设施和教材

　　第十九条　强制隔离戒毒所应当设置教室、禁毒教育展览室、图书室、阅览室、个别谈话室、文娱活动室、吸毒环境脱敏室,配备相关的教学设备、图书、报刊和文体活动器材。

　　第二十条　强制隔离戒毒所应当设置康复健身房和室外体育活动场地,配备相关健身器材和运动器械。

　　第二十一条　强制隔离戒毒所应当设置心理咨询室、心理测验室、心理宣泄室和心理治疗室,配备心理矫治和治疗所需的设施设备。

　　第二十二条　强制隔离戒毒所应当设置职业技能教育实习场地,配备相关的职业技能教育设施、设备。

　　第二十三条　强制隔离戒毒所应当设置电化教育中心,建立教学资源库,配备电化教育所需的音像制作设备,建立教学、宣传所需的闭路电视系统。省、自治区、直辖市戒毒管理局应当建立远程教学网络系统。

　　第二十四条　强制隔离戒毒所使用的教材以司法部和省、自治区、直辖市戒毒管理局编写或者指定的为主,强制隔离戒毒所可以编写补充教材。

第四章　生理脱毒期教育

　　第二十五条　强制隔离戒毒人员入所后的前两个月为生理脱毒期,在进行生理脱毒的同时,进行初步认知和环境适应性教育。

　　第二十六条　生理脱毒期教育内容包括吸毒行为违法性教育、强制隔离戒毒人员权利义务教育、所规所纪教育、所内戒毒流程介绍以及队列训练等内容。

第二十七条　对新收人员应当建立《强制隔离戒毒人员戒治诊断评估手册》,填写个人基本情况、吸毒史、体检结果、心理测验情况。

第二十八条　应当对完成生理脱毒期教育的新收人员进行考核,根据考核结果提出戒治建议,并将其编入相应的大(中)队转入康复期教育。

第五章　康复期教育

第二十九条　生理脱毒期教育结束后至出所前两个月为康复期,康复期教育以强化认知、康复训练、心理治疗、职业技能培训为主要内容。

第三十条　强制隔离戒毒所应当对戒毒人员进行热爱祖国、拥护中国共产党、拥护社会主义和法律道德教育,帮助戒毒人员树立法制道德观念,培养爱国主义情操,树立正确的人生观、价值观和社会主义荣辱观,增强生命意识、责任意识和感恩意识。

第三十一条　强制隔离戒毒所开设心理健康教育课程,帮助戒毒人员掌握心理健康知识,学会自我心理调节的方法,了解寻求心理救助的途径。心理治疗中心负责心理健康教育课程的教学工作。

第三十二条　强制隔离戒毒所应当对文盲和文化程度低的戒毒人员进行文化补习,鼓励戒毒人员自学和参加社会函授学习,强制隔离戒毒所应当为他们学习和参加考试提供必要的帮助。

第三十三条　强制隔离戒毒所应当开展科学、人文和审美教育,帮助戒毒人员提高文化修养,培养健康的兴趣爱好。

第三十四条　法律道德教育、禁毒戒毒教育、心理健康教育和文化教育结束后应当进行考试。考试成绩作为对戒毒人员戒治效果评估的依据。

第三十五条　强制隔离戒毒所开设康复训练课程,通过科学合理的康复训练和健身活动,帮助戒毒人员增强体质、培养意志力,养成健康的生活方式。

第三十六条　康复训练课程内容包括身体功能恢复性训练、体能训练和常用健身项目辅导。

第三十七条　康复健身课程应当制订系统的教学计划,由专业教师授课,采取课堂讲授、健身房训练、户外运动和拓展训练相结合的方式进行。

第三十八条　强制隔离戒毒所应当对戒毒人员参加康复训练的效果进行考核,考核内容为体能达标和规定健身项目掌握情况。考核结果作为戒治效果评估的依据。

第三十九条　强制隔离戒毒所应当根据戒毒人员的不同戒治期限合理安排教学计划,保证戒毒人员学完规定课程。

第六章　回归社会准备期教育

第四十条　强制隔离戒毒所应当对临近解除强制隔离戒毒的人员进行回归社会教育,

帮助戒毒人员树立生活信心,增强社会适应能力。回归社会准备期教育时间为两个月。

第四十一条　强制隔离戒毒所应当进行防复吸训练,使戒毒人员掌握抵御毒品诱惑、拒绝毒友拉拢、应对高危情境和生活挫折的方法,增强自我防范意识。

第四十二条　强制隔离戒毒所应当对戒毒人员进行形势和政策教育、就业指导和社会环境适应教育。强制隔离戒毒所应当采取措施帮助出所人员构建和恢复必要的社会支持系统。

第四十三条　强制隔离戒毒所应当对临近强制隔离戒毒期满的人员进行教育质量评价,评价结果和后续康复建议记入《强制隔离戒毒人员戒治诊断评估手册》。

第七章　心理治疗

第四十四条　强制隔离戒毒所应当开展心理治疗,采取科学的方式对戒毒人员进行心理矫治和心理脱瘾训练。

第四十五条　强制隔离戒毒所应当对新收人员进行入所心理测验,建立心理治疗档案,为分类管理、戒治提供依据。入所心理测验一般安排在入所后第三周或者第四周进行。

第四十六条　强制隔离戒毒所应当开展心理咨询工作,帮助戒毒人员调节不良情绪,改变错误认知,解决心理问题,改善心理状态。

第四十七条　戒毒人员可以通过口头或书面形式提出心理咨询申请。心理咨询师接到申请后一般应当在三日内安排咨询。对有特殊或严重心理问题的应当及时安排。

第四十八条　强制隔离戒毒所应当定期开展团体心理辅导活动,组织戒毒人员心理互助组,使戒毒人员在观察、学习、体验中,改善人际关系、改变不良的态度和行为方式。

第四十九条　对呈现严重心理异常和有危险的戒毒人员应当进行心理危机干预,帮助其缓解心理矛盾,恢复心理平衡,避免发生极端事件。

第五十条　强制隔离戒毒所可利用展示仿真毒品、模拟易诱发吸毒的环境,对戒毒人员进行脱敏治疗,增强戒毒人员心理脱毒效果。

第八章　职业技能教育

第五十一条　强制隔离戒毒所应当开展职业技能教育,帮助戒毒人员掌握一技之长,为其回归社会就业谋生创造条件。

第五十二条　省、自治区、直辖市戒毒管理局设立职业技能教育中心,负责协调有关部门为戒毒人员职业技能培训、鉴定提供支持和帮助。

第五十三条　强制隔离戒毒所应当根据戒毒人员的特点和社会需求设置职业技能培训项目,进行职业道德教育,提供就业指导。

第五十四条　强制隔离戒毒所可以采取多种方式,与职业技能教育机构、社会院校联合办学,提高职业技能教育水平。

第五十五条　职业技能培训可参照当地职业技能培训管理部门的有关规定制定教学计

划,采用职业技能培训主管部门编写或者认可的教材。

　　第五十六条　职业技能教育结束后应当考核。强制隔离戒毒所应当为戒毒人员参加国家有关部门认可的职业技能或者执业资格考试提供帮助。

第九章　个案化教育

　　第五十七条　强制隔离戒毒所应当为戒毒人员逐人制定个案化教育方案,突出教育的针对性、有效性。

　　第五十八条　个案化教育方案由大(中)队民警和心理咨询师共同制定,所教育科应给予指导并定期检查方案的执行情况。

　　第五十九条　个案化教育方案应当根据戒毒人员的吸毒史、个人经历、身心状况和现实表现,按照戒治诊断评估标准,制定不同教育阶段的教育目标、计划和措施。

　　第六十条　强制隔离戒毒所大(中)队对每名戒毒人员每两个月至少安排一次民警个别谈话。有下列情形之一的,应当及时进行个别谈话:

　　(一)新入所或者变更大(中)队的;

　　(二)因违法违纪受到处分的;

　　(三)诊断评估后决定继续或者延长强制隔离戒毒期限的;

　　(四)回家探视前后或者家庭发生变故的;

　　(五)长时间无人探访或者家人不与其联系的;

　　(六)长期患病的;

　　(七)情绪、行为明显异常的;

　　(八)交更执行方式、所外就医、临近解除强制隔离戒毒的。

　　第六十一条　个别谈话应当将解决思想问题与解决实际困难相结合,对戒毒人员反映的问题及时妥善处理。

　　第六十二条　鼓励戒毒人员以周记、月记形式与民警交流思想。大(中)队民警对送交的周记、月记应当及时批阅并回复意见。

第十章　戒毒文化建设

　　第六十三条　强制隔离戒毒所所区环境应当彰显戒毒文化。戒毒人员的活动区域应当整洁、优美,设置具有鼓励、引导、关怀和禁毒内容的宣传画、标语。所内建筑和设施要体现和谐有序、文明健康、生动活泼的戒毒文化特点。

　　第六十四条　强制隔离戒毒所应当组织戒毒人员进行戒毒宣誓,每周集体背诵戒毒誓言,强化戒毒意识,坚定戒毒信心。

　　第六十五条　每年6月26日国际禁毒日,强制隔离戒毒所应当开展主题宣传教育活动,充分利用各种形式,加大禁毒宣传力度。

　　第六十六条　强制隔离戒毒所可以采取组织戒毒体会交流、征文演讲和心理剧表演等方式，促使戒毒人员自我反省，激发戒毒动机，增强戒毒信心。

第六十七条　强制隔离戒毒所应当运用影视、所内广播、小报、黑板报和局域网，向戒毒人员宣传国家禁毒方针、政策，宣传所内教育戒治动态和成果。

第六十八条　强制隔离戒毒所图书室、阅览室应当定期向戒毒人员开放，经常补充图书、报刊资料。

第六十九条　强制隔离戒毒所应当组织戒毒人员开展文艺演出、书法绘画展览等形式多样的文娱活动，丰富戒毒人员文化生活。

第七十条　强制隔离戒毒所应当定期举办会操和各种体育比赛，每年举办一次体育运动会。

第十一章　社会教育

第七十一条　强制隔离戒毒所应当充分依靠社会力量、利用社会资源对戒毒人员进行教育矫治，提高戒毒工作的社会化程度。

第七十二条　强制隔离戒毒所应当加强同当地党政部门、群众团体、企事业单位、基层组织、学校和社会各界的联系，通过签订帮教协议、邀请来所开展帮教等形式，配合做好戒毒人员的教育工作。

第七十三条　强制隔离戒毒所应当积极鼓励和吸收符合条件的社会志愿者和各类专业人员参与帮教工作，发挥他们的专长和技能，为戒毒人员提供支持和帮助。

第七十四条　强制隔离戒毒所应当邀请戒毒成功人士来所现身说法，通过典型示范作用，帮助戒毒人员树立戒毒信心。

第七十五条　强制隔离戒毒所应当加强与戒毒人员家属的联系，向他们通报戒毒人员所内表现，动员和指导他们来所进行规劝和帮教，用亲情感化戒毒人员。

第七十六条　强制隔离戒毒所可以根据戒治工作的需要，组织戒毒人员到社会参观，参加禁毒宣传等公益活动。

第十二章　教育工作考核

第七十七条　强制隔离戒毒所的教育工作应当进行考核。考核的主要内容包括：

（一）戒毒人员戒治达标率；

（二）法律道德教育考试合格率；

（三）禁毒戒毒教育考试合格率；

（四）文化教育合格率；

（五）康复训练达标率；

（六）职业技能教育考试获证率；

（七）心理咨询开展率；

（八）个别教育落实率；

(九)辅助教育落实率；

(十)教育保障达标率。

第七十八条 强制隔离戒毒所教育工作实行统计报表制度。省、自治区、直辖市戒毒管理局应当于每年 7 月 15 日前和次年 1 月 15 日前,将上半年和全年教育工作情况报送司法部戒毒管理局。

第七十九条 强制隔离戒毒所应当建立教育工作档案,档案内容主要包括:

(一)强制隔离戒毒人员戒治诊断评估手册;

(二)强制隔离戒毒人员心理治疗档案;

(三)教学日志;

(四)心理咨询登记;

(五)个别教育登记;

(六)重要教育活动记录。

教育档案原始件至少保存五年,以备查考。

附录五

劳动教养管理所
强制隔离戒毒所生活卫生安全管理工作若干规定

（2012）司劳教（戒毒）字 18 号

为进一步加强劳动教养管理所、强制隔离戒毒所（以下统称"场所"）生活卫生安全管理工作，维护场所安全稳定，依法保障劳教人员和强戒人员的合法权益，根据《中华人民共和国禁毒法》《中华人民共和国食品安全法》《戒毒条例》等有关法律法规，制定本规定。

一、生活设施、设备管理

1.场所应设宿舍、盥洗室、厕所、物品储藏室、晾衣间、活动室、食堂、医院（卫生所、门诊部、医务室）、浴室、理发室、茶水房、商店（超市、生活服务部）、室外活动场地、晾晒场地及必要的生活卫生设施。

2.宿舍应坚固安全、通风明亮，配备防暑降温、防寒保暖等必要的生活设施；场所实行单人单床管理，杜绝并床。双层床应有固定踏板，上铺应设置有效的安全护栏。

3.生活区电路无明线、无裸露、无破损，电器安装使用符合安全要求。

4.宿舍、盥洗室、厕所、晾衣间、浴室等房间顶部管道无裸露、无破损。

5.生活区应设有消防通道和消防设施，并有明显标识，有专人管理，保障正常使用。

6.物品储藏室由警察管理，定期开放，做到防火、防潮、防盗。劳教、强戒人员每人1个储物柜，统一编号，柜内物品应摆放整齐有序，衣物及其他物品分类存放。储物柜钥匙由警察和劳教、强戒人员分别持有。

7.理发用具、剃须用品由警察管理，及时消毒；洗漱用具、剃须用品一人一套，杜绝共用。

8.宿舍、通道、活动室、晾衣间、厕所、盥洗室、理发室等公共场所应当每日清扫，定朔消毒。

9.场所内设置的商店（超市、生活服务部）禁止出售过期、变质和"三无"产品，禁止出售易拉罐、玻璃、绳索等可造成人身伤害或影响场所安全的商品。

10.场所应每月对生活卫生设施、设备至少进行1次安全检查，及时消除隐患，做好相应记录。

二、食堂、食品管理

11.食堂应取得《卫生许可证》，制定食堂管理工作制度、饮食卫生制度、食品加工程序、安全操作规程等，并在食堂相应位置张贴、悬挂。

12.从事炊事劳动的人员上岗前应进行体检，取得健康合格证，建立健康专档，并每半年进行一次体检，体检不合格的应及时调离。健康合格证应悬挂在食堂明显位置，接受监督检查。

13.食堂管理人员、炊事人员应保持良好个人卫生，着清洁的工作服、工作帽上岗，严格遵守饮食卫生操作规程。

14.食品及原料应分类存放，生、熟食品，成品、半成品，主、副食品分开。贮存食品的场所、设备应保持清洁，有防尘、防潮、防虫、防鼠措施。食堂不得存放有毒、有害物品及个人生活用品。

15.应建立食品采购验收、农药检测和索证制度，采用新鲜洁净的原料制作食品，严禁采购和加工腐烂、变质、过期、感官性状异常及不符合安全要求的食品和原料。

16. 食品烹饪后至食用前一般不超过 2 小时,超过 2 小时的,应在高于 60℃或者低于 10℃的条件下存放。夏季熟制食品存放超过 2 小时的,食用前应充分加热。

17. 食堂剩余食品应冷藏,冷藏时间不得超过 24 小时,在确认没有变质的情况下,应经高温彻底加热后才可以继续食用。

18. 加工生、熟食品的刀具、砧板等用具应分开使用、定位存放,用后清洗,保持洁净。

19. 餐炊具使用前应按照国家有关卫生标准清洗、消毒。不得使用未经消毒的餐炊具。己消毒和未消毒的餐炊具应分开存放,并在贮存柜上有明显标记。餐炊具贮存柜应定期清洗,保持洁净。清洗餐炊具使用的洗涤、消毒剂应符合卫生标准或要求。

20. 食堂应实行饭菜留样备检制度,配备留样专用冷藏柜,留样食品应按品种分别盛放于清洗消毒后的专用密闭容器内,在冷藏条件下存放 48 小时以上,每个品种留样量不少于 100 克。

21. 食堂刀具由警察管理。刀具领用、发放应有记录。刀具使用、存放时应实施定置管理。

22. 食堂炊事机具应安装安全防护罩,严格按照操作规程使用、保养;燃气灶具应安装燃气泄漏报警装置;燃料、火种使用应确保安全。

23. 场所应保证劳教、强戒人员全天有开水饮用,电开水器应有专人管理,定期检查、维修和消毒。

24. 场所应建立食物中毒或者其他食源性疾患等突发事件的应急处置预案。发生食物中毒或疑似食物中毒事件应按规定及时上报。

三、医疗卫生管理

25. 场所医疗机构应取得医疗机构执业许可证,设置诊查、治疗、药剂等功能区域,配备必要的医疗设备,建立健全医疗卫生制度。根据需要配备医务人员,医务人员应当取得相应资质。医疗设施应按规程操作,并定期保养、维护。

26. 场所应建立劳教、强戒人员入、出所和定期体检制度,并建立健康档案。对新入所女性劳教、强戒人员应进行妊娠检测。

27. 场所应建立巡诊制度,对患病、受伤的劳教、强戒人员及时给予治疗;对疑难、危重病(伤)患者应及时会诊、转诊,符合条件的,依法办理所外就医。

28. 应建立病历管理制度,病历等医疗文书书写规范,内容完整、翔实、准确,不得涂改;门诊病历保存不得少于 15 年,住院病历保存不得少于 30 年。

29. 应建立服药管理制度,药品由警察统一管理,劳教、强戒人员按医嘱在警察监督下服药,服药应有服药记录,由警察和劳教、强戒人员分别签字。

30. 应在 3 个月内对新入所劳教、强戒人员全员开展艾滋病病毒抗体检测,对艾滋病病毒感染者和病人应集中管理治疗。

31. 场所应配备急救箱、担架、供氧装置、呼吸器等必要的急救设备和抢救药品,并定期检查。不得使用可移动的杆式输液装置。

32. 应加强传染病监测,发生疫情时按规定程序和时限上报。

33. 应建立药品管理制度,严格按照《药品管理法》和《麻醉药品和精神药品管理条例》的有关规定购买和使用药品。

34. 应按照《医疗废物管理条例》等有关规定,妥善管理和处置医疗废物,防止疾病传播和环境污染。

35. 应建立突发公共卫生事件应急处置预案,每年至少演练两次。

附录六

浙江省强制隔离戒毒
人员严重疾病认定标准(试行)

为进一步规范强制隔离戒毒工作,保障强制隔离戒毒人员合法权益,维护强制隔离戒毒场所工作秩序,促进禁毒工作顺利进行,根据《中华人民共和国禁毒法》和《戒毒条例》等有关规定精神,确定以下疾病为严重疾病:

一、呼吸系统疾病

(一)支气管扩张大咯血患者。

(二)重症哮喘或哮喘持续状态者。

(三)气胸(肺压缩 30% 以上)。

(四)极重度慢性阻塞性肺疾病。

(五)重症肺炎。

(六)急性肺栓塞。

(七)大量胸腔积液。

(八)各种肺、胸廓、胸膜等疾病引起的呼吸衰竭患者。

二、循环系统疾病

(一)各种器质性心脏病(风湿性心脏病、冠状动脉粥样硬化性心脏病、高血压性心脏病、心肌病、心包炎、肺源性心脏病、先天性心脏病等),心脏功能在二级(含)以上。

(二)器质性心脏病所致的心律失常(如频发、多源性期前收缩心房纤颤、二度以上的房室传导阻滞等)、预激综合症(反复发作者)仍有严重的冠状动脉供血不足改变或合并者、冠心病有心绞痛反复发作史、心电图 ST 段或 T 段改变心肌供血不足、心脏扩大。

(三)心肌梗塞经治疗后,仍有严重的冠状动脉供血不足表现者。

(四)高血压病 3 级(极高危期)、高血压合并有心脑、肾等损害表现,急进性高血压病。

三、消化系统疾病

(一)消化性溃疡出血、穿孔患者、消化道异物不能自行排出者。

(二)胆石症合并梗塞感染,绞窄性肠梗阻、急性腹膜炎、胰腺炎。

(三)各种肝硬化所致的肝功能失代偿期。

四、泌尿系统疾病

(一)已维持性血透或腹透患者。

(二)各种原因所致的慢性肾病(CKD)5 期。

(三)各种肾脏疾病活动期。如急性肾功能不全、各种原因大量蛋白尿(3.5 克/24 小时)、泌尿系统结核活动期等。

（四）前列腺疾病所致尿潴留、病变或外伤所致尿失禁等。

五、内分泌系统疾病

（一）糖尿病需要长期依赖胰岛素治疗者。

（二）糖尿病并发心、肾、眼、神经等病变。如糖尿病酮症酸中毒、高溶性昏迷、低血糖昏迷、严重视网膜病变、糖尿病肾病肾功能不全等。

（三）糖尿病继发严重继发感染者。

（四）内分泌腺疾病经过多次治疗无好转并严重影响机体功能患者。

六、神经系统疾病

（一）脑血管疾病、颅内器质性疾病所致的肢体瘫痪、明显语言障碍或视力障碍等，经治疗不愈，生活不能自理者。以及急性期需要特殊治疗或检查者，如蛛网膜下腔出血等。

（二）各种脊髓疾病及周围神经所致的肢体瘫痪、大小便失禁、生活不能自理者。如脊髓炎、高位脊髓空洞症、脊髓压迫症、运动神经元疾病等。周围神经疾病，如多发性神经炎、周围神经损伤等，治疗无效、生活不能自理者。

（三）癫痫频繁大发作伴有精神障碍、癫痫持续状态。

（四）重症肌无力等各种严重肌肉疾患生活不能自理者。

七、血液系统疾病

白血病、再生障碍性贫血、中重度贫血、血友病、急性粒细胞缺乏症、血小板减少性紫癜或不明原因溶血者。

八、肿瘤

（一）各种现症恶性肿瘤。

（二）治后复发或有影响机体功能的治后并发症及后遗症的癌症患者。

（三）严重影响机体功能，造成生活不能自理困难的良性肿瘤患者。

九、内外科疾病

（一）心、肝等重要脏器损伤遗有严重功能障碍，各种重要脏器手术治疗后，遗有严重功能障碍、丧失劳动能力者。

（二）肺、肾等器官一侧切除，对侧仍有病变或有明显功能障碍者。

（三）巨大疝、不可回纳的嵌顿疝、Ⅲ度直肠脱垂，痔疮出血严重需要手术治疗者。

（四）脑、脊髓外伤治疗后遗有痴呆、失语（包括严重语言不清），截瘫或一个肢体功能丧失、大小便不能控制、功能难以恢复者。

（五）强直性脊柱炎、骨结核、椎间盘突出需要手术治疗者。

（六）严重骨盆骨折合并尿道损伤，经治后在骨关节遗有运动功能障碍，或遗有尿道狭窄和尿路感染久治不愈者。

（七）慢性骨髓炎需要手术治疗者。

（八）四肢伤残致手不能提物、足不能持重；双手基本丧失功能，生活不能自理者。

（九）伤病后所致的双目失明或接近失明（指两眼视力均为一米内指数）、青光眼、胆脂瘤中耳炎。内耳伤、病所致的平衡失调，经治疗不能恢复者。

（十）上下颌伤、病经治疗后有语言不清、咀嚼障碍者。

十、传染性疾病

（一）各种肺结核及肺外结核活动期。

（二）病毒性肝炎。急性肝炎，慢性肝炎急性发作期，重型肝炎，肝硬化肝功能失代偿。

（三）其他急性期传染性疾病：伤寒，霍乱，鼠疫，痢疾，脑炎，脑膜炎，人感染高致病性禽流感，SARS 等法定传染病急性发作期。

（四）艾滋病病毒（HIV）检测阳性、CD4≤200/微升者。

十一、经精神病医学鉴定医院诊断确定的经常发作的各种精神病，如精神分裂症、躁狂抑郁症、周期性精神病等。

十二、胶原性疾病造成脏器功能障碍，治疗无效者，如系统性红斑狼疮、皮肌炎、结节性多发动脉炎等。

十三、寄生虫病侵犯肺、脑、肝等重要器官，造成继发性损害，生活不能自理者。寄生虫病包括囊虫病、肺吸虫病、中华分枝睾吸虫病、丝虫病、血吸虫病等。

十四、经专科防治机构（省、市职业病防治院所）确定的二、三期矽肺、石棉肺；各种职业性中毒性肺病及其他职业病治疗后，遗有肢体瘫痪、癫痫、失语、痴呆、失明、精神病等，职业性放射线病所致主要脏器有严重功能损伤者。

职业性中毒，系指在生产条件下，接触工农业毒物而引起的一种职业性疾病。

十五、患其他严重疾病确有生命危险者。

十六、各种急性疾病需立即住院治疗或手术治疗者。

十七、同时患有两种（含两种）以上疾病，其中一种病情必须接近上述各项疾病中某种疾病程度。

附录七

浙江省司法行政系统
强制隔离戒毒诊断评估工作实施细则(试行)

第一章 总 则

第一条 为规范浙江省司法行政系统强制隔离戒毒诊断评估工作,科学评定戒毒效果,保障强制隔离戒毒人员(以下简称"戒毒人员")合法权益,根据《中华人民共和国禁毒法》、司法部劳教局戒毒管理局《强制隔离戒毒人员诊断评估办法(试行)》、《浙江省强制隔离戒毒诊断评估工作暂行规定》和浙江省公安厅浙江省司法厅《关于进一步规范强制隔离戒毒工作有关问题的通知》等法律法规及规范性文件精神,结合浙江省司法行政系统强制隔离戒毒工作实际,制定本细则。

第二条 本细则适用于浙江省司法行政系统强制隔离戒毒机构。

第三条 本细则所称戒毒情况诊断评估工作(以下简称"诊断评估"),是指强制隔离戒毒所对戒毒人员生理、心理、认知、行为、家庭和社会功能等方面状况进行综合考核,客观评价戒毒效果,并提出提前解除、按期解除强制隔离戒毒或者延长强制隔离戒毒期限意见的一项专门性工作。

第四条 诊断评估应以戒治表现为基础、戒毒效果为依据,坚持以人为本、客观全面、公正公平的原则,实行"日记载、月公示、分期评议、综合评估"。

第五条 强制隔离戒毒主管机关应对诊断评估工作进行指导、监督。

第二章 组织、方法、程序

第六条 强制隔离戒毒主管机关和执行场所应成立戒毒人员诊断评估工作委员会,负责制定诊断评估计划,审批诊断评估结果。

戒毒人员诊断评估工作委员会由强制隔离戒毒主管机关和执行场所行政主要领导任主任,分管领导任副主任,法制、管理、教育、生活卫生、习艺劳动、医疗、心理咨询等职能部门负责同志任成员,并可邀请有关政府部门、专家学者参与戒毒人员诊断评估工作委员会有关工作。

第七条 戒毒人员诊断评估工作委员会下设办公室,负责组织、协调、实施戒毒人员诊断评估工作。办公室设在管理部门,日常工作由管理、教育、生活卫生等相关职能部门负责实施。

第八条 强制隔离戒毒所应建立《戒毒人员诊断评估手册》,详细记录戒毒人员在所期间各项生理指标、身体康复、心理变化及行为矫治等情况,作为诊断评估的依据。诊断评估前,根据《戒毒人员诊断评估手册》记载的内容,制作《戒毒人员诊断评估表》。戒毒人员解除强制隔离戒毒后,《戒毒人员诊断评估手册》和《戒毒人员诊断评估表》归入戒毒人员档案。

第九条　强制隔离戒毒所应根据科学戒治的工作流程,对戒毒人员按照生理脱毒期、身体康复期和戒毒巩固期进行分期管理。每期完成后予以评议一次。生理脱毒期以 3 个月为一个周期,身体康复期以 6 个月为一个周期,戒毒巩固期以 3 个月为一个周期。

第十条　戒毒人员自决定之日起开始戒毒流程;在强制隔离戒毒所内吸食毒品或滥用药物尿检呈阳性的,重新开始戒毒流程。

第十一条　根据戒毒人员各期的戒毒治疗和行为矫治情况分别做出戒毒效果评议,结果分为"A"和"B"两个等次。

分期评议由大(中)队提出意见,报相关职能部门审核,并予以公布。其结果作为诊断评估的重要依据。

第十二条　强制隔离戒毒所应当在戒毒人员执行强制隔离戒毒期满 1 年后和 2 年期满前的 1 个月,及时组织人员对其进行诊断评估。

强制隔离戒毒期满 1 年后,经诊断评估,不符合提前解除强制隔离戒毒条件的戒毒人员,在继续执行 3 个月的戒毒巩固期后,可以申请再次诊断评估,符合条件的,应当及时组织诊断评估。

经诊断评估,符合条件的,应当及时呈报提前解除或按期解除强制隔离戒毒措施。

第十三条　由公安强制隔离戒毒所转送的戒毒人员,其在公安强制隔离戒毒所期间的戒毒治疗和日常考核等材料,作为诊断评估的依据。

第十四条　对戒毒人员的诊断评估由大(中)队或相关部门提出意见,并填写《戒毒人员诊断评估表》,经戒毒人员诊断评估工作委员会办公室初审,由法制部门审核后报戒毒人员诊断评估工作委员会审定。

经诊断评估,按期解除强制隔离戒毒的由强制隔离戒毒所审批;提前 9 个月以内解除强制隔离戒毒的由强制隔离戒毒所提请强制隔离戒毒决定机关的上一级公安机关(即市公安局)审批;提前 1 年解除强制隔离戒毒或延长强制隔离戒毒限期的由强制隔离戒毒所报省级主管部门审核同意后(地市所还需报市级主管部门审核),再提请强制隔离戒毒决定机关的上一级公安机关(即市公安局)审批。

在提请提前解除强制隔离戒毒意见过程中,戒毒人员严重违纪的,经诊断评估工作委员会审定,可以撤回提前解除强制隔离戒毒的意见。

第十五条　对解除强制隔离戒毒的人员,强制隔离戒毒所根据戒毒人员的戒毒康复效果、日常行为表现、家庭管控能力等情况,可以向原决定机关提出责令其接受社区康复的意见。

第十六条　诊断评估结果应向戒毒人员本人宣布,并经其本人签名后存入档案。拒绝签名的,由 2 名以上管理民警签名并注明情况,不影响诊断评估结果。

第三章 诊断评估内容

第十七条 诊断评估内容包含各期的戒毒效果评议和附加项。其中,附加项目有:

(一)具有立功表现的;

(二)自愿接受强制隔离戒毒的;

(三)具有国家认可的中级以上技术等级证书或相应技术职称的。

第十八条 强制隔离戒毒所通过对戒毒人员采取急性生理脱毒治疗、稽延性戒断症状治疗、躯体疾病诊治和行为矫治等戒毒工作,实施生理脱毒。对处于生理脱毒期的戒毒人员从生理脱毒情况和行为矫治考核两方面进行戒毒效果评议。

第十九条 生理脱毒情况分为"脱毒"和"未脱毒"两种。

第二十条 生理脱毒情况鉴定为"脱毒"的,必须同时符合以下五项指标:

(一)停止使用控制或缓解戒断症状药物;

(二)急性戒断症状完全消除,或仅残留少量轻度戒断症状;

(三)尿检阴性(尿吗啡检测或其他类毒品的检测),同时排除体内存有其他替代药物;

(四)未出现明显稽延性戒断症状;

(五)吸食合成毒品人员未出现精神幻想等症状。

第二十一条 不符合本细则第二十条标准之一的,生理脱毒情况鉴定为"未脱毒"。

第二十二条 对戒毒人员生理脱毒期戒毒效果评议结果分为"A"和"B"两类:

(一)同时满足下列条件的,评议结果为"A":

1.生理脱毒情况鉴定为"脱毒";

2.本期内行为矫治考核无一次性扣10分(或累计扣20分)以上,且累计分达到140分以上的。

(二)不符合上述条件的,评议结果均为"B"。

第二十三条 强制隔离戒毒所对完成生理脱毒治疗的戒毒人员开展身体康复治疗,组织体能恢复训练(按年龄、性别及身体状况分不同层次进行),接受各类教育,参加适度康复劳动,实现体能的基本恢复。对处于身体康复期的戒毒人员从体质改善和行为矫治考核两方面进行戒毒效果评议。

第二十四条 对戒毒人员体质改善情况的认定,应当在对多次体能测试的成绩进行综合分析的基础上做出,分为"改善"和"未改善"两种。

第二十五条 戒毒人员体质改善情况测试指标包括:

(一)生理指标:一般项目的变化、疾病的康复情况、稽延性戒断症状的改善情况等。

(二)体能指标(7选3):力量训练(俯卧撑或仰卧起坐)、协调性训练(单腿深蹲起立、闭眼单脚站立、踢毽子、跳绳、50米折返跑等)和耐力训练(慢跑)等是否渐趋提高。

身体有疾病的戒毒人员,由强制隔离戒毒所医疗部门提供相关证明,适当参加相关项目的训练与考核。

推广使用专门仪器设备测定戒毒人员体能指标,测定结果作为评判戒毒人员体质是否改善的依据。

第二十六条　对戒毒人员身体康复期戒毒效果评议结果分为"A"和"B"两类：

（二）同时满足下列条件的，评议结果为"A"：

1. 体质改善效果鉴定为"改善"；

2. 本期内行为矫治考核无一次性扣 10 分（或累计扣 30 分）以上，且累计分达到 330 分以上的。

（二）不符合上述条件的，评议结果均为"B"。

第二十七条　强制隔离戒毒所对已完成生理脱毒治疗和体能康复训练的戒毒人员开展戒毒巩固工作，对其加强心理脱瘾训练。对处于戒毒巩固期的戒毒人员从心理脱瘾情况和行为矫治考核两方面进行戒毒效果评议。

第二十八条　对戒毒人员心理脱瘾情况的界定，应当在对其多次测试的结果进行综合分析的基础上做出，分为"通过"和"未通过"两种。

第二十九条　戒毒人员心理脱瘾情况测试项目有：

（一）拒毒能力测试：戒毒人员在戒毒巩固期必须参加拒毒能力训练。本期末应进行拒毒能力测试（或毒品渴求问卷调查），综合分析测试（或调查）结果，做出评议。

（二）心理量表测试：戒毒人员入所后应当参加人格或心理症状等方面的测试（选择一至两个量表测试）。通过心理量表测试取得较为科学且可以量化的心理学数据，并根据其康复期与巩固期的测试数据进行对比、分析，作出评议，指导心理脱瘾工作。

量表可以包含：艾森克个性测验量表（EPQ）、卡特尔 16 项人格因素评定量表（16PF）以及 90 项症状量表（SCL-90）、抑郁量表（SDS）、焦虑量表（SAS）等。

（三）毒品认知程度测试：主要包括对毒品危害性的认知、法制观念、人生观和道德观等方面的情况。本期末要求戒毒人员写出对毒品危害性的认知和回归计划等文字材料，根据其每次认知测试成绩、平时表现和书面材料等方面的要素，做出评议。

第三十条　对戒毒人员戒毒巩固期戒毒效果评议结果分为"A"和"B"两类：

（一）同时满足下列条件的，评议结果为"A"：

1. 心理脱瘾情况界定为"通过"；

2. 本期内行为矫治考核无一次性扣 20 分（或累计扣 30 分）以上，且累计分达到 160 分以上的。

（二）不符合上述条件的，评议结果均为"B"。

第四章　诊断评估标准及兑现

第三十一条　执行强制隔离戒毒满 1 年，应给予诊断评估。

吸食、注射阿片类毒品成瘾，属首次接受强制性戒毒措施，由本人提出申请，经市级公安机关批准参加社区药物维持治疗；或吸食、注射合成毒品成瘾，属首次接受强制性戒毒措施，且完成三期戒毒流程，并符合下列条件之一的戒毒人员，可提请提前解除强制隔离戒毒。

（一）各期戒毒效果评议结果均为"A"的；

（二）两期戒毒效果评议结果为"A"，且行为矫治考核无受惩罚记录，并符合附加项条件之一的。

第三十二条　执行强制隔离戒毒满 1 年 3 个月,完成三期戒毒流程,经戒毒人员本人申请,可以给予诊断评估。

吸食、注射阿片类毒品成瘾,属接受 2 次以内强制性戒毒措施,由本人提出申请,经市级公安机关批准参加社区药物维持治疗;或吸食、注射合成毒品成瘾,属接受 2 次以内强制性戒毒措施,且符合下列条件之一的戒毒人员,可提请提前解除强制隔离戒毒。

(一)三期以上戒毒效果评议结果为"A",行为矫治考核累计分达到 720 分以上;

(二)两期以上戒毒效果评议结果为"A",行为矫治考核无受惩罚记录,累计分达到 680 分以上,且符合附加项条件之一的。

第三十三条　执行强制隔离戒毒满 1 年 6 个月,完成三期戒毒流程,经戒毒人员本人申请,可以给予诊断评估。

吸食、注射阿片类毒品成瘾,属接受 2 次以内强制性戒毒措施;或吸食、注射阿片类毒品成瘾,属接受 3 次以内强制性戒毒措施,由本人提出申请,经市级公安机关批准参加社区药物维持治疗或本人自愿参加指定地点戒毒康复治疗;或吸食、注射合成毒品成瘾,属接受 3 次以内强制性戒毒措施,且符合下列条件之一的戒毒人员,可提请提前解除强制隔离戒毒。

(一)三期以上戒毒效果评议结果为"A",且行为矫治考核累计分达到 850 分以上的;

(二)两期以上戒毒效果评议结果为"A",行为矫治考核累计分达到 810 分以上,且符合附加项条件之一的。

第三十四条　执行强制隔离戒毒满 1 年 9 个月后,完成三期戒毒流程,经戒毒人员本人申请,可以给予诊断评估。

(一)执行强制隔离戒毒满 1 年 9 个月,符合下列条件之一,可提请提前解除强制隔离戒毒。

1.行为矫治考核无受惩罚记录,累计扣分低于 80 分,累计分达到 900 分以上的;

2.行为矫治考核无受惩罚记录,累计扣分低于 80 分,累计分达到 850 分以上,且符合附加项条件之一的。

(二)执行强制隔离戒毒满 1 年 10 个月,且行为矫治考核累计扣分低于 100 分,累计分达到 700 分以上的,可提请提前解除强制隔离戒毒。

(三)执行强制隔离戒毒满 1 年 11 个月,且行为矫治考核累计分达到 550 分以上的,可提请提前解除强制隔离戒毒。

第三十五条　执行强制隔离戒毒 2 年期满前,应给予诊断评估。达到戒毒康复效果的,强制隔离戒毒所应当按期解除强制隔离戒毒措施。具有下列情形之一的,应当提请延长强制隔离戒毒期限:

(一)经诊断评估,未达到戒毒康复效果的;

(二)强制隔离戒毒期间(含外出探视期间)有吸食毒品等违法行为的;

(三)强制隔离戒毒期间有逃跑或者请假外出探视未按期回归被追回的;

(四)其他违反规章制度,造成较重后果的。

提请延长强制隔离戒毒的期限,应当根据诊断评估结果,分别为 3 个月、6 个月、9 个月或者 1 年。强制隔离戒毒的期限最长可以延长 1 年。

第三十六条　对延长戒毒期限的戒毒人员,期满前应再次开展诊断评估。执行强制隔离戒毒延长期限期间,因严重违规违纪受到警告以上惩罚的,除已经延长 1 年期限外,可再次提请延长强制隔离戒毒期限。

第五章　救济与监督

第三十七条　对分期评议或诊断评估结果不服的,戒毒人员可以在结果宣布之日起3日内向戒毒人员诊断评估工作委员会提出复核,戒毒人员诊断评估工作委员会应当在收到之日起5个工作日以内做出书面答复。

第三十八条　对延长强制隔离戒毒期限决定不服的,戒毒人员可以申请复议或提起行政诉讼。

第三十九条　强制隔离戒毒所管理人员在对戒毒人员的诊断评估过程中有弄虚作假、捏造事实等行为,根据严重程度,由相关职能部门对责任人做出责任追究。

第六章　附　则

第四十条　本细则中"以上"、"以下"、"以内"、"以后"除注明外均包含本数。

第四十一条　本细则中"强制性戒毒措施"是指劳教戒毒、强制隔离戒毒、公安强制戒毒。

第四十二条　本细则由浙江省劳动教养管理局负责解释。

第四十三条　本细则自公布之日起施行。

附录八

浙江省司法行政系统
强制隔离戒毒人员行为矫治考核办法(试行)

第一条 行为矫治考核从戒毒人员被收治之日起开始实施。内容为遵守纪律、教育学习、康复训练、生活卫生和习艺劳动等方面的现实表现。行为矫治考核结果作为诊断评估的重要依据。

第二条 对戒毒人员的行为矫治考核实行计分制,计分采用加分和扣分两种形式。

第三条 对戒毒人员的奖励种类为表扬、嘉奖、记功三种,惩罚种类为警告、严重警告、记过三种。

获得表扬的,可给予加 50 分;获得嘉奖的,可给予加 100 分;获得记功的,可给予加 150 分。

受到警告的,应给予扣 50 分;受到严重警告的,应给予扣 100 分;受到记过的,应给予扣 150 分。

第四条 戒毒人员同一行为符合两个或两个以上加、扣分条件的,按分值高的予以加分或扣分。

第五条 戒毒人员每月行为矫治考核累计加分最高为 60 分,超过部分无效。出现下列情形之一的,按以下兑现方式执行。

(一)戒毒人员因在省级以上(含省局)单位统一组织的活动或评比中表现突出,而获得的相应加分可在本期内予以兑现,不受每月累计加分最高为 60 分的限制,但不予跨期兑现;超出部分的分值在诊断评估累计加分的总分值中兑现。

(二)戒毒人员获得国家认可的初级、中级、高级技术等级证书或相应技术职称而获得的相应加分,可在本期内予以兑现,不受每月累计加分最高为 60 分的限制,但不予跨期兑现;超出部分的分值在诊断评估累计加分的总分值中兑现。

第六条 戒毒人员在强制隔离戒毒所内吸食毒品或滥用药物尿检呈阳性的,从发生当日起之前的所有奖励和加分无效,惩罚和扣分继续有效。

第七条 戒毒人员在遵守纪律方面符合下列条件之一的,可给予加分:

(一)当月自觉遵守强制隔离戒毒场所管理规范的,可加 5 分;

(二)符合下列条件之一的,可加 5~10 分:

1. 发生争执时,做到骂不还口、打不还手的;

2. 包夹责任人认真负责,当月较好完成包夹任务的;

3. 当月积极协助管理人员做好对其他戒毒人员的帮教转化工作的;

4. 戒毒人员自我管理委员会成员或班组长当月认真协助管理人员维护场所秩序,有效发挥自我管理作用的;

5.在遵守纪律方面有其他较好表现的。

(三)符合下列条件之一的,可加 10～30 分:

1.采用妥善方法处理他人之间或本人与他人之间的纠纷,避免、化解矛盾并经管理人员认可的;

2.检举揭发所内严重违纪行为,经查证属实的;

3.主动制止所内严重违纪行为,避免不良后果发生的;

4.积极协助管理人员处理各类突发事件的;

5.在遵守纪律方面有其他良好表现的。

(四)符合下列条件之一的,可以加 30～50 分,表现突出的可给予奖励:

1.检举揭发违法行为,经查证属实的;

2.检举揭发隐瞒真实身份的戒毒人员,经查证属实的;

3.提供线索,协助司法机关破案,有立功表现的;

4.主动制止违法行为,避免不良后果发生的;

5.在抢险救灾中表现积极的;

6.在遵守纪律方面有其他优异表现的。

第八条 戒毒人员在遵守纪律方面有下列行为之一的,应给予扣分:

(一)有下列行为之一的,应扣 5～10 分:

1.无故拒签各种记录或凭证的;

2.违反规定探访、通讯、通信及传递物品的;

3.有辱骂、戏弄他人,与他人争吵及类似行为的;

4.违反场所购物规定超额消费的;

5.擅离活动现场、定置区域的;

6.违反队列、集合、讲评等各类集体活动纪律的;

7.自我管理委员会成员或班组长不负责任,发现违规违纪行为不及时汇报或制止的;

8.其他违规违纪行为,情节轻微的。

(二)有下列行为之一的,应扣 10～30 分:

1.在禁烟场所吸烟的;

2.擅自超越警戒范围的;

3.在戒毒期间纹身或帮助他人纹身的;

4.投机取巧骗取奖分或调换买卖、以物易劳、物利交易行为的;

5.骗取、索讨他人钱物或委托外来人员私自购物的;

6.自我管理委员会成员或班组长不负责任,发现违规违纪行为不及时汇报或制止,造成秩序混乱的;

7.擅自与被采取保护性约束措施的戒毒人员交谈,或为其传带信件和其他物品的;

8.挑拨离间,激化他人之间矛盾,或造成他人违纪的;

9.在他人争吵、斗殴时不加制止或故意在旁起哄、拉偏架的;

10.包庇他人违规违纪行为的;

11.打架斗殴,情节较轻的;

12.不听从指挥,情节较重的;

13. 教唆他人实施违纪行为的;

14. 拉拢落后人员,打击积极接受戒毒治疗人员的;

15. 打击报复、诬陷其他戒毒人员的;

16. 对违法违纪行为知情不报、不制止或故意隐瞒事实真相的;

17. 其他违规违纪行为,情节较重的。

(三)有下列行为之一的,应扣30~50分,情节严重的应给予惩罚:

1. 私自买酒、带酒、喝酒或私自购买、藏匿香烟的;

2. 私收、私藏或使用现金数量在 20 元以下(不含本数)的;

3. 私收、私藏或使用通讯工具,事后能如实交代来源、查证仅使用一次或未用于联络违法违纪事件的;

4. 恃强凌弱、寻衅滋事或敲诈勒索其他戒毒人员的;

5. 包夹责任人不负责任,造成被包夹戒毒人员发生逃跑、自伤、自残、行凶、破坏等事故的;

6. 值班戒毒人员不负责任,造成其他戒毒人员发生逃跑、自杀、行凶、破坏等事故的;

7. 为他人作伪证的;

8. 装病、诈病或小病大养、夸大病情来威胁或逃避戒毒治疗的;

9. 偷窃、诈骗、赌博或变相赌博及从事迷信活动的;

10. 伪造病情或提供假病历,企图达到所外就医目的的;

11. 欺压、殴打、敲诈勒索其他戒毒人员或利用岗位便利为自己牟利的;

12. 打架斗殴、持械伤人,情节较重的;

13. 私制、私藏刀具、锯条、绳索和易燃、易爆、剧毒等危险物品的;

14. 不听从指挥、服从管理,情节严重的;

15. 编造、传播谣言,对党和国家的各项方针、政策进行攻击、诽谤的;

16. 辱骂、诽谤、诬陷管理人员的;

17. 利用上级领导检查或外来人员参观之机,使用不恰当的方式申诉,造成不良影响的;

18. 其他违规违纪行为,情节严重的。

(四)有下列行为之一的,应给予惩罚;构成犯罪的,移交司法机关处理:

1. 私收、私藏或使用现金数量在 20 元以上的;

2. 私收、私藏或使用通讯工具,事后拒不如实交代来源、查证使用两次以上或用于联络违法违纪事件的;

3. 通过各种途径或手段贿赂管理人员的;

4. 有藏匿、传递、吸食、注射毒品等涉毒行为的;

5. 打架斗殴,持械伤人,情节严重或造成严重后果的;

6. 自杀、自伤自残、行凶等严重扰乱场所秩序的;

7. 外出探视不归的;

8. 采取阻塞通道、阻碍通行、造谣惑众、起哄闹事、示威、静坐、绝食等手段扰乱场所正常秩序的;

9. 参与暴乱、动乱、冲所的;

10. 故意破坏所政设施,情节严重的;

11. 袭击场所管理人员或以暴力、威胁等手段妨碍执行公务的;

12. 其他违规违纪行为,情节特别严重的。

第九条 戒毒人员在教育学习、康复训练方面符合下列条件之一的,可给予加分:

(一)当月自觉参加教育学习、康复训练的,可加5分。

(二)投稿被强制隔离戒毒所黑板报、墙报、广播采用的,每篇可加3分;被强制隔离戒毒所所报采用的,每篇可加5分;被省局或地市级以上报刊采用的,按篇幅长短和体裁情况,每篇可加5~10分;每月各类报道加分累计不得超过30分。

(三)经常参与出黑板报、墙报的,当月可加3~5分。

(四)参加所级统考,成绩在85~89分之间的可加3分,达到90分以上的,可加5分。

(五)在全省统考中,成绩在85~89分之间的可加5分,达到90分以上的,可加10分;在全国统考中,成绩在85~89分之间的可加10分,达到90分以上的,可加15分。

(六)参加社会中等、高等教育自学考试,每合格一门,分别可加20分、30分。

(七)获得国家认可的初级、中级、高级技术等级证书或相应技术职称的,分别可加30分、40分、50分;参加强制隔离戒毒所举办的各类实用技术培训,获县级以上劳动部门认可的职业技术培训合格证书的,可加10分。

(八)经上级批准参加各项文化、体育、劳动及其他竞赛活动,取得大队一、二、三等奖的,分别可加5~10、3~5、1~3分;取得所级一、二、三等奖的,分别可加10~15、5~10、3~5分;取得省级一、二、三等奖的,分别可加30~40、20~30、10~20分;取得部级以上一、二、三等奖的,分别可加40~50、30~40、20~30分。

(九)检举揭发戒毒人员作品有剽窃、抄袭、造假或者报道严重失实现象,经查证属实的,可加5~10分。

(十)经批准外出宣传、演出或进行现身说法,表现积极的,每次可加5~10分,表现突出的可给予奖励。

(十一)被评为年度所级优秀报道员的,可加10分;被评为年度省级优秀报道员的,可加20分。

(十二)被评为年度所级文明小组的,每人可加5分;被评为年度所级文明大(中)队的,每人可加10分;被评为年度省级文明大(中)队的,每人可加20分。

(十三)在教育学习、康复训练方面有其他突出表现的,可酌情给予加分。

第十条 戒毒人员在教育学习、康复训练方面有下列行为之一的,应给予扣分:

(一)有下列行为之一的,应扣5~10分:

1. 小组学习、讨论不认真,记录马虎或随便走动、起哄,影响正常秩序的;

2. 上课迟到、早退或违反课堂纪律的;

3. 考核成绩不及格的;

4. 无故不完成作业或不按时上交总结汇报材料的;

5. 收藏、传阅、观看未经警察审查、许可的书籍、画册、电子作品,或者不按规定收听收看广播、电视的;

6. 参加心理量表测试时故意说谎作假,导致测试结果明显失实的;

7. 其他违反教育学习、康复训练制度行为,情节较轻的。

(二)有下列行为之一的,应扣10~30分:

1.无故不参加集体组织的各类活动的;

2.无正当理由不参加康复训练或擅自离训的;

3.在康复训练期间故意扰乱训练纪律,造成不良影响的;

4.作品有剽窃、抄袭、造假或者严重失实的;

5.其他违反教育学习、康复训练制度行为,情节较重的。

(三)有下列行为之一的,应扣30～50分,情节严重的应给予惩罚:

1.无故不参加学习或拒不参加考试及生理、心理测试的;

2.考试作弊或者故意交白卷的;

3.在康复训练期间故意扰乱训练纪律,情节严重的;

4.其他违反教育学习、康复训练制度行为,情节严重的。

第十一条 戒毒人员在生活卫生方面符合下列条件之一的,可给予加分:

(一)当月生活卫生养成良好的,可加5分。

(二)强制隔离戒毒人员有下列行为之一的,可加5～10分:

1.拾金不昧的;

2.当月经常主动利用空余时间打扫公共卫生的;

3.当月主动照料患病戒毒人员生活的;

4.所在班组在强制隔离戒毒所季度考核中获优胜红旗的;

5.在生活卫生方面有其他较好表现的。

(三)救死扶伤或有其他突出表现的,可加10～30分。

第十二条 戒毒人员在生活卫生方面有下列行为之一的,应给予扣分:

(一)有以下行为之一的,应扣5～10分:

1.随地吐痰、便溺或乱扔果皮、纸屑等脏物的;

2.不按规定着装或佩带胸牌的;

3.不使用文明用语,说粗话、脏话的;

4.仪表举止不端正的;

5.攀折花木、践踏绿地的;

6.私自调换铺位、拼铺、裸睡的;

7.私烧食物、伙吃伙喝的;

8.不按规定洗漱的;

9.不按规定作息的;

10.听到点名预令,不按规定端坐或站立的;

11.被褥叠放、用具摆放不符合标准的;

12.个人负责的卫生区域不合格的;

13.其他违反生活卫生规范行为,情节较轻的。

(二)有下列行为之一的,应扣10～30分:

1.遇有来宾、领导、管理人员到来时不讲究礼节礼貌的;

2.进入管理人员办公室、值班室不喊报告,擅自进入的;

3.故意损坏公共设施的;

4.不遵守就餐纪律的;

5.私自改变统一服装式样、颜色、标记或在服装上乱涂乱画的;

6.故意浪费水、电、粮食等物品的;

7.违反就医制度或浪费药物的;

8.炊事人员违反食品卫生要求,尚未造成后果的;

9.窃取他人物品或所内超市商品,价值较小的;

10.其他违反生活卫生规范行为,情节较重的。

(三)有下列行为之一的,应扣 30～50 分,情节严重的应给予惩罚:

1.窃取他人物品或所内超市商品,价值较大的;

2.炊事员违反食品卫生要求,造成不良后果的;

3.伪装病情,情节恶劣的;

4.故意隐瞒或感染、传播严重传染性疾病的;

5.其他违反生活卫生规范行为,情节严重的。

第十三条　戒毒人员在习艺劳动(康复劳动)方面符合下列条件之一,且出勤率达到强制隔离戒毒所规定标准的,可给予加分:

(一)有劳动定额能完成当月劳动任务的,每月可加 5～10 分。超额完成劳动定额的,可给予相应的加分。每月劳动加分累计不得超过 30 分。

(二)无劳动定额,完成当月分配任务的,每月可加 5～10 分;在关键岗位完成当月劳动任务的,可加 10～20 分。在休息日坚守岗位的,每天可加 2 分。

(三)符合下列条件之一,可加 10～30 分:

1.合理化建议被采纳的;

2.及时发现生产事故苗头,避免事故发生的;

3.在习艺劳动(康复劳动)中有其他较好表现的。

(四)符合下列条件之一,可加 30～50 分,表现突出的可给予奖励:

1.发明、革新或合理化建议取得成效的;

2.获得地市级、省级、国家级现代化管理成果奖、科技质量成果奖的;

3.在习艺劳动(康复劳动)中有其他突出成效的。

第十四条　戒毒人员在习艺劳动(康复劳动)方面有下列行为之一的,应给予扣分:

(一)有下列行为之一的,应扣 5～10 分:

1.无正当理由不完成生产定额的;

2.无定额劳动戒毒人员未完成分配任务的;

3.违反定置管理规定的;

4.违反工艺要求和操作规程的;

5.违反质量管理制度,情节轻微的;

6.浪费原材料或当月消耗生产原材料超过规定指标的。

(二)有下列行为之一的,应扣 10～30 分:

1.消极怠工、偷工减料、弄虚作假的;

2.不服从劳动任务分配或工种安排的;

3.违反工具管理规定的;

4.丢失或故意损坏劳动工具的;

5.以不正当手段换取劳动产品的;

6.擅自把生产工具或生产原材料带离规定区域的;

7.其他违反习艺劳动(康复劳动)管理制度规定,情节较轻的。

(三)有下列行为之一的,应扣30～50分,情节严重的应给予惩罚:

1.发现生产事故隐患,不及时报告或排除,放任事故发生的;

2.对发生安全生产、设备事故负有直接责任的;

3.私藏生产资料、产品和技术资料的;

4.抗工、旷工的;

5.违章操作造成严重后果的;

6.违反质量管理制度,造成严重质量事故的;

7.违反工具管理规定,造成严重后果的;

8.有其他违反习艺劳动(康复劳动)管理制度规定,情节严重的。

第十五条　无劳动定额戒毒人员是指担任教员、炊事员、护理员、杂务、后勤、统计、施工、工艺、检验、维修等无量化劳动定额的戒毒人员,其中值班员、工艺、检验、设备维修属关键岗位。

第十六条　戒毒人员的行为矫治考核由相关管理民警考核记载。一次性加(扣)分在30分以下的(不含本数)的,由分管民警提出建议,中队合议,大队审批;一次性加(扣)分在30～50分之间的,报所管理部门审批;受到奖励或惩罚的,需经所法制部门审核后报所分管领导审批。

适用"其他"条款或因"表现突出"、"情节严重"等条款需要奖惩的,应经戒毒人员诊断评估工作委员会同意,并报省戒毒管理局备案。

第十七条　戒毒人员因检举、揭发等奖励不宜公开的,按上述规定程序办理,不予公示,由戒毒人员本人签名后存入档案。

第十八条　行为矫治考核结果应向戒毒人员本人宣布,经本人确认签名后存入考核档案;拒绝签名的,应由现场管理人员注明情况,不影响考核结果。

第十九条　戒毒人员对加(扣)分、奖励(惩罚)决定有异议的,可以在决定公布之日起3个工作日内以书面形式向强制隔离戒毒所有关部门提出复核申请。

附录九

浙江省劳教(戒毒)场所违禁物品
管理及处理规定(试行)

第一条　为进一步加强对违禁物品的管理,防止各类违禁物品进入劳教(戒毒)场所,维护正常管教秩序,确保场所持续安全稳定,根据司法部《劳动教养管理工作执法细则》、司法部戒毒管理局《强制隔离戒毒人员管理工作办法(试行)》和有关场所管理制度,制定本规定。

第二条　本规定适用于浙江省劳教场所和浙江省司法行政系统强制隔离戒毒场所。

第三条　劳教(戒毒)所的各类违禁物品是指容易危及劳教(戒毒)人员和场所安全、影响场所正常管理秩序以及有害劳教(戒毒)人员身心健康的,劳教机关禁止劳教(戒毒)人员个人持有的物品。

第四条　违禁物品主要包括下列物品:

(一)各类枪支、弹药。包括各类射击用枪支,狩猎用膛线枪、霰弹枪、火药枪、麻醉动物的注射枪,可发射金属的弹丸气枪及仿真枪等。

(二)各类爆炸物品。包括各类炸药、雷管、导火线、起爆药、爆破剂、火药、烟火剂、喷雾彩带、民用信号弹、烟花、爆竹以及其他爆炸物品。

(三)各类易燃物品。包括汽油、酒精、松香水等易燃液体,硝化棉、电石等易燃固体,氧气、乙炔、氢气、烷气等易燃气体以及火柴、打火机等各种火源。

(四)各类刀(棍)具。包括匕首、三棱刀、弹簧刀及类似刀具,各类锋利的刀片、小刀、剪刀以及各类自制刀、磨尖物品等尖锐器具以及钢条、钢管、木棍、条状金属物等各种棍棒。

(五)各类有毒有害物品。包括强酸、强碱、鼠药、氧化物有机磷,毒品(吗啡、可卡因、海洛因、鸦片、冰毒、摇头丸等),精神麻醉药品和未经允许带入的药物(高危药品、针筒、注射器等)及其他易致人中毒的各类物品。

(六)各类通讯工具、电脑、摄录装置、影音播放装置等。

(七)各类登高、攀高物品,如绳索、梯子、竹(木)竿以及皮带、鞋带、皮管等。

(八)各种货币、可在社会上流通使用的金融卡、有价证券和金银首饰等贵重物品。

(九)有害劳教(戒毒)人员身心健康的物品。包括酒类、麻将、骰子和淫秽、低俗的各种音像资料、书刊杂志、光盘软件等以及场所禁止携带的各类烟草。

(十)其他未经允许带入场所或影响劳教(戒毒)人员和场所安全的物品。

第五条　在劳教(戒毒)人员收容、收治过程中发现的违禁物品,应当严格收缴,属于劳教(戒毒)人员个人的财物和身份凭证,由场所统一封存保管,交其亲属带回或解教、解除时归还本人。

第六条　对会见时送入或邮寄物品,应当严格检查,发现的违禁物品一律收缴,属贵重物品的,按财物保管制度进行相应的登记保管。

第七条 对外来人员要加强管理教育,在与外单位签订施工、加工和合作协议时,应当明确本规定的相关内容。

第八条 对检查出来的违禁物品,警察个人不得私自处理,一律上缴所管理科并由专人统一进行登记管理,责任部门要查明来源。

查获的违禁物品可能涉及犯罪的,应及时移送公安机关。

第九条 对违反规定私自携带、藏匿、使用违禁物品的劳教(戒毒)人员按以下规定处理:

(一)对携带、藏匿各类枪支、毒品的劳教(戒毒)人员,劳教(戒毒)场所按照法律规定报送公安机关进行处理,并对当事劳教(戒毒)人员采取禁闭、单独管理等手段,进行单独隔离审查。

(二)对携带、藏匿、使用违禁物品导致场所安全事故或事件发生的劳教(戒毒)人员,经民警批评教育,视其认错态度和情节给予劳教人员行政延期、戒毒人员记过处理,触犯法律的移交公安机关。

(三)对携带、藏匿、使用违禁物品严重影响场所的正常管理秩序的劳教(戒毒)人员,经民警批评教育,视其认错态度和情节给予警告以上处理。

(四)对携带、藏匿、使用违禁物品劳教(戒毒)人员,除上述情况外,未造成影响和后果的,视其认错态度和情节按照《浙江省劳动教养人员计分考核与奖惩实施细则》和《浙江省司法行政系统强制隔离戒毒人员行为矫治考核办法》给予相应惩处。

第十条 劳教人民警察违反规定私自为劳教(戒毒)人员携带、藏匿或提供违禁物品的,视情节轻重,按《劳教人民警察六条禁令》等规定严肃处理,触犯法律的移交司法机关。劳教(戒毒)场所职工违反规定的,参照执行。

第十一条 劳教(戒毒)人员亲友违反规定藏匿、提供或邮寄违禁物品的,发现后三个月内停止其会见、探访,并收缴违禁物品,性质严重的移送公安机关处理。

第十二条 外来人员违反规定私自为劳教(戒毒)人员藏匿、携带、提供违禁物品的,查实后不准再进入场所,并可根据所属单位、个人与场所签订的相关协议进行处置,性质严重的移送公安机关处理。

第十三条 上级机关对劳教(戒毒)场所违禁物品管理有新的规定和要求的,按上级机关的规定执行。

第十四条 各单位可根据本规定要求,结合场所实际,制定实施细则。

第十五条 本规定由浙江省劳动教养管理局负责解释。

第十六条 本规定自下发之日起试行。

附录十

强制隔离戒毒人员守则

第一条 拥护中国共产党和社会主义制度,不准散布反社会主义言论。

第二条 遵守社会公德,讲究文明礼貌,不准在交往中有粗俗、野蛮的行为。

第三条 尊重管理人员,服从管教,明晰是非观,不准无理取闹。

第四条 接受禁毒戒毒和道德、法制教育,增强拒毒意识,抵制毒品,不准消极对抗、自伤自残。

第五条 遵纪守法,矫正恶习,安心戒毒,不准进行违法犯罪活动,不准擅自离开规定的活动范围,不准逃跑或唆使、拉拢、协助他人逃跑。

第六条 互相监督,互相帮助,共同进步,不准恃强凌弱,不准损坏、侵占公物和他人财物,不准弄虚作假、包庇坏人坏事、栽赃陷害他人。

第七条 增强集体观念,建立正常关系,不准搞江湖义气、拉帮结伙、刺字纹身。

第八条 清醒认识复吸毒根源与危害,吸取教训,珍惜戒毒成果,努力学习心理调适与康复技巧,不准旷课、违反课堂纪律。

第九条 积极参加文体活动、体能训练和康复劳动,增强体质,坚定戒毒信心,不准消极怠工、伪造病情、逃避劳动。

第十条 遵守作息制度,服从统一安排,不准无故不参加集体活动、扰乱公共秩序。

附录十一

强制隔离戒毒人员行为规范

第一章　总　则

第一条　为维护强制隔离戒毒管理区正常的管理秩序,促使强制隔离戒毒人员(以下简称戒毒人员)更好地接受教育、治疗和脱毒康复,根据《中华人民共和国禁毒法》等法律、法规的有关精神制定本规定。

第二条　本规定是戒毒人员的行为准则,戒毒人员必须严格遵守。

第二章　基本规范

第三条　严格遵守国家的法律、法规和强制隔离戒毒管理区的各项规定,自觉服从管理和教育,主动配合戒毒治疗和康复训练。

第四条　如实述说自己的吸毒史和毒品来源,揭发制、贩毒人员及其违法犯罪活动。发现其他戒毒人员在所内隐蔽吸食、注射毒品以及预谋、实施逃脱、行凶、自杀等违法犯罪行为的,要立即报告和制止,不准隐瞒、包庇。

第五条　不准传授各种制毒、贩毒、吸毒以及其他违法犯罪手段。

第六条　不准携带毒品以及其他违禁物品入所。

第七条　不准打架斗殴,不准拉帮结派,不准占用他人财物。

第八条　爱护公物,讲文明,懂礼貌。

第九条　互相监督,互相帮助,共同进步,不准恃强凌弱、敲诈勒索,不准弄虚作假、包庇坏人坏事和栽赃陷害他人。

第十条　努力学习,积极参加康复锻炼活动,培养良好的生活习惯,树立彻底戒除毒瘾的信心。

第三章　学习规范

第十一条　端正学习态度,养成自觉学习的良好习惯。

第十二条　遵守学习纪律,保持良好的学习秩序。

第十三条 认真学习党的政策和国家的法律、法规,联系实际,对照检查,深刻反思。

第十四条 主动抵制不良信息诱惑,经常反思毒品危害。

第十五条 积极参加各项学习活动,按时完成规定的学习任务。

第十六条 学习时间内,不准从事其他活动,讨论时要联系思想实际,积极发言,按要求做好学习笔记,写好心得体会。

第十七条 爱护书籍、报刊等学习材料,不准损坏或者占为己有。

第四章　　生活规范

第十八条 听到起床信号立即起床,按规定着装、出操、未经批准,不得卧床不起。

第十九条 保持室内清洁,按规定整理内务卫生,被褥、衣物、洗漱用品、餐具及其他生活用品摆放整齐。

第二十条 按顺序用餐,不准乱倒残羹剩饭,不准浪费粮食。

第二十一条 按统一要求着装。平时着装要整洁,参加集体活动时不披衣、敞怀、赤脚或穿拖鞋。

第二十二条 听到就寝号令,立即按指定床位就寝,不准擅自调换铺位,不准喧哗、耳语。

第二十三条 未经许可,不准随意出入管理区,遇有提询、探视、活动等出入管理区时,应听从管教民警的指挥,不准乱串。

第二十四条 搞好个人和集体卫生,按规定理发、洗澡。

第二十五条 如实陈述病情,遵从医嘱按时服药,不准无理取闹。

第五章　　文明礼貌规范

第二十六条 举止文明,言语礼貌。

第二十七条 戒毒人员之间一律称呼姓名,不准叫绰号。

第二十八条 对管教民警的称呼为"警官",有职务的可使用姓名加职务的称谓。

第二十九条 遇有来宾或者领导视察时,应有良好的精神风貌,对领导的问话要如实回答。

第三十条 有求于人时,用"请您"等敬辞;有愧于人时,用"对不起"、"请原谅"等谦词;有助于人时,用"别客气"、"没关系"等谦词;得到别人帮助时,用"谢谢"、"麻烦您了"等谢词。

附录十二

常用的诊断量表

一、药物依赖诊断量表(SCID-DD)

为 Spitzer 于 1986 年编制的临床用诊断提纲中的有关药物依赖部分,可用作 DSM-IV 的药物依赖诊断。由于诊断量表对海洛因滥用者表现得不确切、不容易描述的症状可以数量化、规范化和客观化。因此,使用药物依赖诊断量表为药物滥用研究提供了一个标准化的工具,便于不同医疗机构作出同一的、标准的诊断。

1.项目与组成

SCID-DD 包括 A、B、C、D 四部分,A 为必备条件。包括 A-0(药物使用)、A-1(问题使用)、A-2(多种药物使用)等三项。A-1 又分为三项,符合其中任何一项,即属于有"问题"使用。B 为症状标准,按 DSM-IV 药物依赖阿片类戒断症状学排列,共九项。C 为病程标准。D 为成瘾年龄和病程,详见下面的记录单。

2.评定注意事项

(1)在开始前,应出示"致依赖性药物清单",单上应列出最常见的致依赖性药物的名称(所谓"致依赖性药物",是包括除烟、酒以外的所有精神活性物质);

(2)一般应直接询问受检者本人,必要时须从知情人或医疗档案等其他来源中取得相应信息;

(3)询问的时间范围为"到现在为止",如有特殊需要,可作另行规定。

3.结果分析

A、B、C 三项标准均符合者,按 DSM-IV 可诊断为药物依赖。A、C 二项符合,B 项不符合,但 B-7 和 B-9 中至少有 1 项回答肯定者,按 DSM-IV 可诊断为药物滥用。

先向受检者出示"致依赖性药物清单",回答为 2 类评分:"是"在"1"上打勾;"否"在"0"上打勾。

药物依赖诊断量表(SCID-DD)

项目	结果	
A-0　为了过瘾或改善睡眠或改变心境,你服用过这些药物中的任何一种吗?(记录药物名称:)	1	0
A-1　如果经常使用这种药物,那么:	1	0
a.你曾否不通过医师而取得药物?	1	0
b.如果是医师处方,是否有用量超过规定,而且不用不行?	1	0
c.是否超过 1 星期的时间每天必用?	1	0
(上述三项中至少有一项为 1 吗?)	1	0
A-2　你曾否同时使用上述清单中的多种药物,至少半年之久?	1	0
(A-1 和 A-2 中至少有一项为 1 吗? 如为 0,中止检查)	1	0
B-1　你是否为保证成瘾药物的供应而去花许多时间,或经常想到服用?	1	0

项目	结果	
B-2a　这类药物的实际使用剂量,是否常超过你预计的剂量?	1	0
B-2b　你使用这类药物的期限,是否超过你的预计?(上述两项中,至少一项为1吗?)	1	0
B-3a　你是否要逐渐增加药物剂量,才能过瘾?	1	0
B-3b　你是否要逐渐增加药物剂量,效果越来越差?	1	0
(上述两项中,至少一项为1吗?)	1	0
B-4　你在减少用量或停止用药时,是否感到不舒服?	1	0
B-5　几小时不用药时,你是否需要再用一剂或使用其他药物,以防止或减轻全身不适的现象发生?	1	0
B-6　你曾经试图减少用量或完全停止使用吗?(试行戒断过几次?)	1	0
B-7a　你是否在从事重要工作,如上班、上课、或照看小孩时,仍继续用药过瘾?	1	0
B-7b　你曾否因用药而贻误重要工作,如旷课、旷工或失约?	1	0
B-7c　在从事服药有危险性的工作中,你是否继续用药?	1	0
(以上三项中至少有一项为1吗?)	1	0
B-8　在需要开始工作或参加个人爱好的文娱活动或与家人、朋友相聚时,你曾否因要服药而不顾这类活动?	1	0
B-9a　你曾否因使用药物造成与家人或同事难以相处?	1	0
B-9b　你曾否因使用药物造成精神不适或情绪低落?	1	0
B-9c　使用药物曾否造成身体疾病或使原来的身体疾病加重?	1	0
(以上三项中至少有一项为1吗?)	1	0
C　服用成瘾药物并出现上述症状或其他问题,曾否持续1个月或更久的时间?	1	0
D-1　你几岁开始服用成瘾药物?(　岁)		
D-2　过去5年,有多长时间曾出现上述症状或其他问题?(　月)		

二、成瘾药物滥用诊断量表

成瘾药物滥用导致明显的临床损害,在12个月内至少有下表的1条表现,同时从未达到诊断成瘾药物依赖的标准。

成瘾药物滥用诊断量表

项目	结果	
1.反复使用成瘾药物不能履行工作、学习、家务等重要职责(如由于使用成瘾药物,多次无故旷工、工作能力下降、被学校开除、不能照顾小孩、家务)	是	否
2.在有可能引起躯体损害的情况下仍然反复使用成瘾药物(如在使用成瘾药物情况下驾车、开机器)	是	否
3.多次因使用成瘾药物导致法律问题(如因使用成瘾药物行为不端而被捕)	是	否
4.尽管使用成瘾药物引起了持续或反复的社会或人际关系问题,仍继续使用(如由于中毒与配偶争吵、打架)	是	否

三、成瘾药物依赖诊断量表

成瘾药物依赖导致明显的临床损害,在12个月期间内至少有下表中3条表现。

成瘾药物依赖诊断量表

项目	结果	
1.耐受性,表现为需要增加较大剂量方能达到所需效果或达到陶醉,或者如果按以前的剂量继续使用则效果显著下降	是	否
2.戒断症状表现为出现使用的成瘾药物的特征性戒断症状或者采用同样的(或类似的)成瘾药物能够解除戒断症状	是	否

项目	结果	
3.实际使用成瘾药物的量及时间比打算的要多、要长	是	否
4.总想戒断或控制使用成瘾药物但不成功	是	否
5.大量时间花在获得成瘾药物、使用成瘾药物或从成瘾药物所引起的作用中恢复过来	是	否
6.由于使用成瘾药物,放弃或减少了重要的社会地位、职业或娱乐活动	是	否
7.尽管明白使用成瘾药物可引起持续或反复的躯体或心理问题,但继续使用	是	否

注意事项

1.当前关于药物滥用和依赖的分类与诊断标准主要有三个,即中国精神障碍分类与诊断标准第3版(CCMD-3)、国际疾病分类标准(ICD-10)、精神疾病诊断准则(DSM-IV),其中DSM-IV的各项内容条理明晰,切实可行,便于形成实际工作中的操作性工具,而且截至目前也经历了10多年的时间考验,广为药物依赖领域的专业人员作为研究工具引用。

2.在DSM-IV中,关于依赖性的诊断,强调心理依赖即成瘾人对成瘾药物的渴求心理在诊断各类药物成瘾中的重要性,指明成瘾现象可以存在或不存在躯体戒断综合症,凡是条件具备,皆可作出依赖性诊断。

3.诊断最基本的依据是准确详尽的病史,医师需要有基本的会谈技术和病史采集要点,在体格检查时要特别注意那些直接或间接与吸毒有关的体征,如静脉注射者皮肤上的注射瘢痕,戒断时出现大汗和鸡皮疙瘩等躯体戒断症状。

附录十三

DSM-IV 与药物滥用有关的精神障碍的诊断标准

一、药物滥用诊断标准

适应不良地应用某种药物以致临床上明显的痛苦、烦恼或功能缺损,表现为下列 1 项以上,出现于 12 个月之内:

1.由于多次应用某种药物而导致工作、学业或家庭的失责或失败(例如由于无知应用而多次旷工或工作表现差;由于药物应用而旷课、停学或被除名;忽视子女或家务)。

2.在躯体有危险可能的场合多次应用某种药物(例如在应用药物而功能有缺损时驾驶汽车或开机器)。

3.多次发生与某种药物有关的法律问题(例如因应用某种药物后品行不端而被拘捕)。

4.尽管由于某种药物的效应而导致或加重了一些持续的或多次发生的社交或人际关系问题,仍然继续应用此药物(例如与配偶为酗酒的后果争吵,甚至打架)。

二、药物依赖诊断标准

适用于不良地应用某种药物以致临床上明显的痛苦、烦恼或功能缺损,表现为下列三项以上,出现于同一个 12 时期内的任何时候:

1.耐受性,定义为以下两者之一:需要明显增加剂量才能达到中毒或所需效应/继续使用同一剂量,效应会明显降低。

2.表现为以下两者之一:有特征性的该药物戒断症状(参阅戒断症状诊断标准 DSM-IV 的 1 和 2)/用同一或相近药物,能缓解或避免戒断症状。

3.该药物往往被摄入较大剂量,或在应该使用的时期之外做更长时期的应用。

4.长期以来有戒掉或控制使用该药物的欲望,或曾有失败的经验。

5.花了不少时间才能获得该药物(例如多次请医师开处方或长途奔波跋涉)、应用该药物(例如连续不断地吸烟)或从其效应中恢复过来。

6.由于应用该药物,放弃或减少了不少必要的社交、职业或娱乐活动。

7.尽管认识到不少持久的或反复发生的躯体或生理问题,都是该药物所引起或导致的后果,但仍继续应用它(例如尽管认识到可卡因会诱发抑郁,但仍应用可卡因;尽管认识到饮酒会使胃溃疡恶化,但仍继续饮酒)。

三、戒断状态诊断标准

戒断状态时在连续或经常使用大剂量药物,全部或部分中断使用后产生的不同严重程度的一组症状各异的表现。撤药症状的表现特点与规律受时间限制,而且与中断用药前所用药物的类别与用量有关。

诊断需同时符合以下三条:

1.由于停用或减量某种曾大量长期应用的药物而产生的某种药物特殊性症状群。

2.此药物特殊性症状群导致明显痛苦、烦恼或社交、职业或其他方面功能的明显缺损。

3.此症状并非一般躯体情况所致,也不可能归于其他精神障碍。

四、常见滥用药物急性中毒的诊断标准

急性中毒指的是继续使用药物或酒精饮料之后产生的一时性的生理、心理与行为功能紊乱的变化。诊断只应考虑急性中毒的病例,又不具有与药物滥用的其他相关问题。

诊断原则:

1.由于最近摄食或暴露接触某种药物而产生一种可逆的、特殊的症状群(注:不同药物完全有可能产生相似或相同的症状群)。

2.由于该种药物对中枢神经系统的效应而产生明显的适应不良性行为或心理改变(如好斗、情绪脆弱多变、认知缺损、判断缺损、社交或职业功能缺损),而且这是正在应用该药物时,或在刚应用之后很快发生的。

3.这些症状并非一般躯体情况所致,也不可能归于其他精神障碍。

五、药物滥用与重精神病性障碍

重精神病性障碍指的是在使用药物中或紧接与用药之后产生的精神障碍。重精神病性障碍以生动的幻觉(常为多种感官性)、错认、妄想、援引观念(常具有偏执或迫害性质)、精神运动性障碍(兴奋或木僵)和情感异常为主,意识清晰或模糊。

药物滥用所致重精神病性障碍:

1.明显突出的幻觉或妄想(注:不包括患者自知是药物所致之幻觉)

2.从病史、体检或实验室检查,有证据表明下列二者之一:在药物中毒或药物戒断时或其后1个月内出现1项的症状/所滥用的药品是本障碍的病因。

3.此种障碍不可能归于并非药物滥用所致之精神病性障碍。如症状出现于应用该药物之前;症状在急性戒断或严重中毒之后仍持续相当时期(例如月1个月);或症状远远超过该药物所用的量及时间,与之不相称;或者有其他证据表明那是一种与药物滥用无关的精神病性障碍(例如是与药物无关的旧病复发)。

4.此障碍并非发生于谵妄之时。

六、药物滥用所致的心境障碍

1.以持续的心境障碍占主要的临床相,并以下面两者之一或两者共有为特征:在各种活动中情绪抑制或兴趣丧失/情绪易激惹。

2.病史、体检或实验室检查有下列证据之一:一项症状是正在药物中毒或戒断时,或1个月内出现的/所滥用的药物时导致本障碍的病因。

3.此障碍不可能归于并非药物滥用所致心境障碍。如症状出现于应用该药物(或该药品)之前,症状在急性戒断或严重中毒之后仍持续相当长时期(例如约1个月);或症状远远超过该药物所用的量及时间并与之不相称;或者有其他证据表明那是一种与药物无关的心境障碍(如复发性重性抑郁症的病史)。

4.此障碍并非在妄想期内发生的。

5.这些症状产生了临床上明显的痛苦、烦恼,或在社交、职业或其他重要方面的功能缺损。

七、药物滥用引致持久性痴呆的诊断标准

1.产生下面两条多发性认识功能障碍缺陷:a记忆损伤(包括学习新信息或原有信息再

现障碍）。b 具有以下 1 条或数条认知紊乱：失语；失用；失识；操作性执行功能不良。

2.上述 a 与 b 项损伤导致明显的社会功能或职业技能受累，从原有水平上下降。

3.上述表现并非出现在药物中毒或谵妄所应有的持续时限之内。

4.由病史、体检或实验室检查所见，可以明确地证实认知功能障碍系由于药物滥用的持续后果所致。

八、药物依赖经治疗后病情转归中几种状态的标准界定

1.关于经各种治疗或戒断后病情缓解的规定

①病情初步全面缓解。经治疗之后至少 1 个月以上至 12 个月以下不符合药物依赖或滥用的任何标准。

②初步部分缓解。经治疗后 1 个月以上至 12 个月以下，达不到上述标准并出现过依赖或戒断的一种或几种症状。

③持续性全面缓解。凡经历 12 个月以上的时间，没有出现符合依赖或滥用的任何一诊出指标时，称为持续性全面缓解。

④持续性部分缓解。时间同前项标准，但出现过 1 项或几项依赖或滥用的标准时，可定为持续性部分缓解。

2.急性戒断后当前状态的规定

①进行阿片类激动药物治疗，个体正处在接受美沙酮药物维持疗法之中。

②急性戒断后当前生活与治疗集体、医院或监禁的不接触毒品的保护环境之内的个体，而目前又不符合依赖或滥用的诊断标准。

附录十四

戒毒治疗与脱毒治疗

一、戒毒治疗

（一）戒毒治疗的概念

戒毒意为在躯体、心理上基本解决对毒品的依赖，并不再使用毒品。现代医学认为，药物依赖是一种慢性、复发性的精神障碍，依赖行为的形成不仅与毒品的特性有关，而且与个体的心理、生理、遗传因素以及社会因素密切相关。因此，对于药物依赖的治疗也需要采取药物治疗、心理治疗、行为矫正、职业技能培训、重返社会等综合措施方能有效。由此形成了现代戒毒治疗的完整过程，它包含三个连续的、不可分割的阶段，即生理脱毒、身心康复、融入社会，以期最终使依赖者与社会重新结合。可以看出，戒毒治疗既是一个医学概念，也是一个社会学概念。完整戒毒治疗的三个阶段包括：

1.生理脱毒。时间1个月，此阶段主要是接受脱毒治疗，消除对毒品的躯体依赖，同时治疗合并症，为进入下一阶段打下基础。

2.身心康复。时间6个月。此阶段戒毒者将接受不同内容的心理行为矫正、技能训练、接受辅导人员的个别辅导和进行小组活动。可参加不同的兴趣小组来丰富精神生活，也可以组成对质小组，帮助他们揭露自己，坦诚待人，促进人格矫正。

3.融入社会。时间1~2年，甚至更长。此阶段主要是接受职业培训、接受重返社会的教育。可讨论重返社会后可能发生的各种问题以及处理办法、接受拒绝毒品的训练，学习应付和处理现实生活中的困难。

（二）戒毒治疗的目的

戒毒治疗应达到以下三个目的：

1.减轻对毒品的依赖，包含躯体依赖与精神依赖；

2.降低因滥用毒品带来的伤害；

3.最大可能地增加毒品依赖者接受戒毒治疗和各种服务机会，从而达到身体康复、社会活动能力增强，为保持操守、重返社会打下良好的基础。

（三）戒毒治疗的原则

基于上述三个目的，应遵循戒毒治疗的十三条原则：

1.任何一种单独的治疗方法都不可能适用于所有的病人，与每个病人的问题和需求倾向对应的治疗环境、干预措施和配套服务非常重要；

2.治疗机会应该容易得到，若不能迅速容易地进入治疗程序，则原先愿意治疗的病人很容易流失；

3.有效地治疗应该考虑患者各方面的问题，而不应仅仅局限于滥用药物本身。对于患者的用药行为及相关的医学、心理学、社会、职业及法律问题应一并考虑；

4.应该根据病人不断变化的需求随时评估和调整治疗；

5.足够的治疗时间对于疗效至关重要。具体取决于病情需要,对于大部分病人来说,3个月或更长的治疗时间会产生更好的效果。治疗计划应包括防止病人过早脱离治疗的措施；

6.个体和群体咨询及其他行为治疗对于疗效极为重要。在治疗过程中,应帮助病人树立信心,建立对抗药物滥用和对抗复吸的技能,使其以建设性、奖励性的非药物行为替代用药行为,提高其解决问题、对抗风险的能力；行为治疗也能改善患者的人际关系；

7.药物治疗是戒毒治疗的重要组成部分,特别是结合咨询及各种行为疗法时更是这样；

8.对于并发精神障碍的滥用/成瘾者,应对二者同时进行整体治疗；因滥用/成瘾同时并发精神障碍的极为普遍,故发现滥用/成瘾时必须考虑到精神问题,并进行相应的检查和治疗；

9.临床脱毒只是戒毒的第一阶段,仅仅脱毒治疗对于长期药物滥用患者而言,它只是有效治疗的开始；

10.治疗并非自愿才能有效,来自家庭、单位和司法部门的督导及压力,可以明显提高接受治疗、操守和成功的概率；

11.必须连续不断地监测治疗期间可能发生的药物滥用,如经常进行尿样分析检测,不仅可保持压力预防复吸,也可早期发现已经发生的偷吸行为,及时调整治疗方案；

12.治疗计划包括对 HIV/AIDS、乙型和丙型肝炎、结核病及其他传染性疾病的检测,提供咨询,帮助病人改变行为,帮助已感染者正确控制其疾病；

13.成瘾的康复是一个长期的过程,通常需要经历多次治疗,与其他慢性疾病一样,在戒毒期间甚至成功戒毒之后,复吸都可能发生。在戒毒治疗期间和完成之后参加自助训练,有助于维持操守。

以上十三条原则是世界各国的戒毒工作者经过数十年戒毒时间的经验总结,对现阶段各种药物依赖的治疗具有普遍的指导作用。事实已经证明,只有在以上十三条原则指导下的戒毒治疗措施,才是有效的戒毒治疗措施。

二、脱毒治疗

(一)脱毒治疗的概念

脱毒治疗是戒毒治疗的第一阶段,是指在隔绝毒品的条件下,通过药物和非药物手段,以消除或减轻药物依赖者急性戒断症状、恢复自然生理状态为目的的治疗过程。能否顺利完成脱毒治疗是关系到治疗者能否进入下一阶段治疗的关键,脱毒治疗应尽可能地减轻或消除戒断症状,同时治疗躯体并发症。因此,脱毒治疗过程中应针对受治者个人的具体情况确定治疗药物和治疗方案,以最有效地控制戒断症状和治疗并发症,使整个脱毒过程安全、顺利,并为下一阶段的康复治疗创造条件。

(二)脱毒治疗的目的

脱毒治疗中所要解决的问题并不是戒毒过程中要解决的全部问题,脱毒治疗只是其中的一个阶段,这个阶段有其本身的侧重点和治疗目的。

就吸毒者而言,其吸毒行为包含两个方面的问题——依赖与成瘾,前者表现为戒断症状,后者则应加上对毒品的强烈渴求感。从这个意义上讲,脱毒治疗的侧重点应该放在解决依赖方面——减轻和消除戒断症状。

脱毒治疗的目的主要有:1.尽可能缓解和控制戒断症状;2.使脱毒者能以合作、信任的态度和方式接受进一步的行为矫正、心理治疗和康复训练,为进一步康复创造条件;3.帮助脱毒者认识到吸毒有关的上位行为(共用注射器、无保护性行为),以减少危害(针具交换、针具消毒、安全套的使用)。

(三)脱毒治疗的原则

在临床脱毒治疗工作中,应注意把握以下三条原则:

1.尽可能控制戒断症状,确保脱毒成功;

2.单纯的脱毒治疗模式、单纯的治疗方法和治疗药物,不可能适用于所有脱毒者,应根据脱毒者的吸毒史、吸毒剂量、身体状况、住院时间,采取不同的脱毒方法和不同的脱毒药物;

3.实事求是、按章办事。脱毒治疗既是一个医疗过程,也是一个对特殊人群的管理过程。在医疗方面,要重视脱毒过程中出现的戒断症状、并发症和躯体其他疾病的诊断和治疗,要实事求是;在管理方面,要建立严格的病房管理制度,对脱毒治疗中的不良行为进行限制和干预,按章办事。

(四)脱毒治疗的方法

常见的脱毒方法可分为药物脱毒法、物理脱毒法、自然脱毒法。

1.药物脱毒法。指利用各种药物减轻戒断症状,逐渐消除依赖者对毒品的躯体依赖性的一种治疗方法。此法应用广泛,病人容易接受。

药物脱毒法主要包括阿片受体激动剂替代疗法(如美沙酮、乙酰美沙酮、阿片)、阿片受体部分激动剂替代疗法(如丁丙诺啡)、非阿片受体激动剂脱毒疗法(如可乐定、洛非西丁、东莨菪碱)、阿片受体拮抗剂催瘾脱毒疗法(如可乐定-纳曲酮、巴比妥-纳洛酮)、中医药脱毒疗法(如福康片、灵益胶囊、益安回生口服液、济泰片、扶正康冲剂、安君宁、康复欣、玄夏脱毒胶囊、香藤胶囊、金甲王颗粒、参附脱毒胶囊)。以上疗法中以美沙酮替代递减疗法、丁丙诺啡递减疗法最为常用。

2.物理脱毒法。指利用各种物理手段(包括针灸、戒毒仪)减轻患者戒断症状的一种方法。此法对部分急性戒断症状和部分稽延性戒断症状的控制具有一定的辅助治疗作用。常用的有韩式戒毒治疗仪。

3.自然脱毒法。指不用任何药物或其他治疗手段,强制病人不吸毒,让戒断症状自行消失的一种方法。由于不用药,病人会出现明显的戒断症状,出现竖毛、起鸡皮疙瘩、寒战,故又名"冷火鸡"疗法。此法简单、节省开支,不足之处是病人比较痛苦,适用于身体素质较好、年轻的轻度依赖者。本法包括泰国的水桶排水法、印度的强迫行军疗法和我国的"捆绑"疗法。

(五)脱毒药物的选择

选择脱毒药物时,应考虑如下几方面的因素:

1.药物是否经过国家医药部门审批。只有通过国家医药部门正式审批的药物才具有可靠性。目前,国内号称可以用于脱毒的药物很多,但有不少药物并没有通过国家医药部门的评审,就这一点而言,我国生产的可乐定、益安回生口服液,福康片,灵益胶囊值得推荐,因为它们可在较短时间内完成脱毒治疗,且其自身无依赖性。

2.疗效是否确实。疗效是指对戒断症状的控制速度和控制程度。对戒断症状的控制速度越快,控制得越是全面,该药物的优越性越明显。一般来说,凡是经过国家医药部门正式审批的药物,其疗效基本上是可靠的。但对其他未经国家正式审批的药物,在选用时要持谨慎态度。

3.自身是否容易成瘾。有些戒毒药物(如美沙酮),虽然可以有效地控制戒断症状,但其自身属于麻醉品,有较强的成瘾性。因此,除非政府批准的、管理完善的治疗机构,否则不应该用它进行脱毒治疗,而非阿片类药物可乐定、益安回生口服液、福康片等因没有成瘾性,适合门诊戒毒与家庭戒毒。

4.副作用是否严重。副作用也是考察戒毒药物优劣的因素之一。一般来说,副作用越严重,服药后就愈难以耐受,对最终疗效也往往有不良影响。不过,对于国家认可的产品,只要服用时严格遵守医嘱,就可最大限度地减少或避免不良反应。对于可乐定等非阿片类药物而言,虽然服药当时有一定副作用,但最终的脱毒效果较为满意。而用益安回生口服液、福康片、济泰片等中成药脱毒,副作用则相对较少,有的还有一定的防复吸功效,适合在一定时间内进行维持治疗。

5.服用是否方便。多数人在选择戒毒药物时,会考虑药物的服用是否方便。一般说来,采用口服法的药物较受欢迎,而采用注射法的药物则往往弊多利少。

6.价格是否昂贵。价格过于昂贵,戒毒者或家人往往难以承受,一个疗程的药物动不动就上千元,会影响患者对药物的接受程度。这主要是针对现有的中成药戒毒而言。应该说现有的益安回生口服液、福康片、济泰片,对中、轻度阿片类依赖都有比较确切的脱毒效果,但其昂贵的价格影响了他们在脱毒临床的广泛使用。

总之,对药物的作用要一分为二地看,既不要过分夸大,又不能一味贬低。在选择用药方面,应向有经验的专科医师咨询,在他们的指导下,根据具体情况合理选用,同时还要配合其他措施综合治疗。

(六)脱毒治疗方法与时间的选择

应根据毒品的类型、纯度、使用方式、吸毒量、吸毒事件、戒断反应的轻重以及身体素质、既往用药史来综合判断,现以海洛因依赖为例说明如下:

1.轻度依赖(<0.5g/d)、身体状况较好的可选择中药脱毒、非替代性药物脱毒、物理脱毒和自然脱毒法,时间5~10天;

2.中度依赖(0.5~1.0g/d)、身体状况较好的可选择替代性药物脱毒、非替代性药物脱毒、中药脱毒,时间10~15天;

3.重度依赖(>1.0g/d)以及中度依赖、身体状况较差的可选择替代性药物脱毒法,时间15天以上。

(七)脱毒治疗的依从性问题

临床观察和研究结果表明,相当比例的药物依赖者难以遵从医师建议,坚持完成脱毒治疗。药物依赖者的治疗依从性问题在国外研究中称为违背医师建议(Against Medical Advice,AMA)而脱离治疗,是备受临床工作者关注的问题。

国外已有许多有关 AMA 影响因素的研究,其研究内容涉及不同的药物依赖者和各种治疗模式,结果发现患者的年龄、婚姻状况、入院时是否自愿还是法院判决、药物滥用的种类、既往戒断时间长短、治疗模式、医务人员等变量与 AMA 有关,年龄轻、单身、自愿入院、既往戒断时间短、可卡因依赖者更易发生 AMA 出院,但各研究结果不尽一致。

　　国内赵敏等也对影响海洛因依赖者脱离脱毒治疗的相关因素进行了研究,结果发现海洛因依赖者不遵从医师建议脱离治疗者较高,占 37%;还发现男性、存在多药滥用是未能完成脱毒治疗的危险因素,这可能与男性更倾向于坚持自己的决定,很难接受医务人员建议有关,存在多药滥用者可能伴有其他问题、心理依赖较强而难以完成治疗程序。

　　故在临床工作中应多关注这些危险因素,并采取有针对性的干预措施,可采用患者之间的劝说、入院时有效交流、小组治疗等方式来减少 AMA 的发生率,提高脱毒治疗的成功率。

　　(八)脱毒完成的标准

　　接受脱毒治疗并不意味着脱毒成功,在医疗实践中,有相当一部分病人并没有完成脱毒治疗或没有达到脱毒标准。只有同时符合以下四条方可认为达到脱毒成功,其标准为:

　　1.停止使用控制或缓解戒断症状的药物,包括用于替代递减的阿片类药物和用于控制戒断症状的其他药物;

　　2.急性戒断症状完全或基本消除,或仅残留少量轻度的戒断症状;

　　3.尿毒品检测阴性;

　　4.纳洛酮促瘾试验阴性。

　　当然,以上标准主要是针对海洛因等阿片类依赖而言,其他药物依赖,如摇头丸、大麻、K粉,因为没有明确的躯体戒断症状以及没有特效的拮抗药,一般不需要脱毒治疗,此标准并不适用。